ちくま文庫

戦国武将と男色 増補版

乃至政彦

筑摩書房

戦国武将と男色　増補版　目次

文庫版はじめに

増補改訂によせて

本書は、平成二十五年（二〇一三）に刊行した『戦国武将と男色―知られざる「武家衆道」の盛衰史』（洋泉社歴史新書y）の文庫版である。

結論から述べておくと、武士の男色とは「年長者による少年児童への性愛」である。そのなかには「忍ぶ恋」と呼ぶべき相思相愛の例もあった。搾取の関係から真実の愛が生まれることはいつの世にもありえる。だが、基本的には少年児童への性的虐待として多くの人から嫌悪される傾向があったようだ。

武士の中にも、男色を好む層と、蔑む層を認められる。有名な戦国武将の男色エピソードは、その多くが後者の蔑視的主観に基づく「創作」と、そうした男色イメージに影響された現代人が史料の内容を取り違えた「伝聞」によって形成されている。

しかもこうした創作は、男色への嫌悪をベースに置く向きが強いため、その関係を(表向き肯定的に描く場合でも)常識や配慮に欠けた見苦しいものとして扱うものが多い。これをそのまま史実として受容し、現代の同性愛者へと直結させてしまうのは、危ういのではなかろうか。

なぜなら、過去の男色はこれからの同性愛に求められる姿と違っているように思われるからである。

男色と同性愛を別個に考える

男色を論ずるにあたり、「昔は男色天国であった」とする虚像を無批判に称揚し、「それなのに現在は同性愛が差別されている。許せない」などと予防線を張る選択肢もあった。それがもっとも批判を集めにくい論法であるからだ。

だが筆者はこれを悪しき因習と考え、文飾を斥けた。事実と異なる幻想をいつまでも道標とするのは危険である。誰かが幻想に抗したという証を一度は立てておくべきだろう。

このため、対等の立場にある者同士の「同性愛」と、強者による弱者抑圧の傾向が強い「男色」を、別物として扱うことにした。「異性愛」の中に「年長好き」「既婚者好き」「制服好き」などと様々な指向が乱立するように、「同性愛」という大きなカテゴリの中のひとつに「男色」が含まれているという考え方である。

本書はこうした気負いをもって書き進めたが、特に難しいことは書いていない。気軽に読み進めてもらえれば幸いである。

なお、「増補改定」とある通り、文庫版では本文を全体的に書き直した。読み返してみると反省点もあったが、基本的な内容は改めなかった。その代わり、「はじめに」「第一章」「第三章」「第七章」「エピローグ」の最後に、補足的な文章を加筆させていただいた。

はじめに　虚実を見極める作業

男色は「なんしょく」と読む。「だんしょく」とも発音されるが、できれば「なんしょく」と読まれたい。本書では、戦国武将が耽溺《たんでき》した男色を論じる。できるだけ多くの事例を取り上げ、信憑性はもちろんのこと、作り話の場合にはどうしてそのような話が生まれたのか、ひとつずつ実相を追究していく。そうした作業を通すことで、武家男色の全体像を俯瞰《ふかん》し、歴史的位置づけを見定めていく。

まずは執筆の動機から述べよう。

通説的には、武家の男色は次のように評価される。

戦国の武家社会において、男色は組織運用に大きな影響を及ぼした。主従関係をより密接で強固なものとする効果があり、主君と肉体的な関係を結んだ家臣は、

「絶対に裏切らない」忠義の者として重宝され、周囲の羨望《せんぼう》を集めるとともに、寵愛《ちょうあい》を受けた武将自身も大いなる誇りとした。男色によって城主や家宰《かさい》へと取り立てられた小姓《こしょう》も多い――。

主従の男色が政治の一部として活用されたという見方である。

だがこうした理解の根拠とされる事例は、多くが二次史料を出典としており、確かな事実確認がされているわけではない。

二次史料とはのちの時代になって書かれた記録のことであり、主として江戸時代に入ってから作られた軍記や家譜、系図、由緒書等がこれにあたる。戦国時代が終わって数十年ないしは数百年も経ってから書かれた記録を、そのまま史実と見なすことがどれだけ危ういかは説明するまでもないだろう。

しかも男色に関する二次史料を眺めると、主従の武家男色を肯定的に扱っているものは意外なほど少なく、多くは「傾国《けいこく》の物語」を匂わせる筋書きで、佞臣《ねいしん》や無能者が功もなしに出世して、御家《おいえ》の前途を狂わせる設定にされている。後世史料に見える男色は、書き手の思想や都合によって後付けされた創作の産物である疑いが強い。

しかしこういう指摘は意外となされていない。そればかりか「織田信長と森蘭丸《らんまる》」

「上杉謙信と直江兼続《なおえかねつぐ》」といった史料的に問題のある伝聞が、当時の習俗を示す具体例として、いまでも紹介され続けている。それがまた俗説の浸透に一役買っているのは言うまでもない。

日本における男色史研究は一部の個性によって支えられてきた。代表的なものでは岩田準一氏の『本朝男色考／男色文献書志』（原書房）があり、氏家幹人氏による『武士道とエロス』（講談社現代新書）の成果があって一定の深化を見せている。

ただし惜しむべきことに、岩田氏は古代から中世の研究を進め、これから戦国時代に着手するであろうと思われるところで早世《そうせい》された。一方、氏家氏は江戸時代に具体的かつ概括的な仕事を見ることができるものの、戦国以前については詳しく触れておられない。

つまり室町時代以前と江戸時代以降においては、優れた先学の恩恵を受けることができるのに、中間に位置する戦国時代の研究だけがすっぽりと抜けているのだ。あるとしても俗説に検証を加えることなく紹介するものが大方で、史料批判のまなざしを向け、網羅的かつ実証的に取り組もうとする機運は未《いま》だ生じていない。こうした現状に鑑み、室町・戦国の武家男色について根本的な見直しが必要であると考えた。

以上が執筆の動機である。

本書では武家男色の通説を再点検するためにも、関連する事例を可能な限り広範囲に拾い集め、個別に検証することで、どのように変容していったのかを見ていく。例えば「武士道」の概念が、戦国・江戸・明治の時代によって受け止め方が異なるように、男色もまた時代ごとにその概念を変えていることが推量される。

室町・戦国時代ではどのようにして武家社会に容れられ、どう隆盛したのか。江戸時代に入ってから何が変わり、何が変わらなかったのか。

流動的な実像を把握し、精確な核心に近づくには、できるだけ多くの具体例を抽出し、虚実を見極める作業が何よりも有効となるであろう。

なお、史料の引用は、そのまま引用しても読みやすいものや史料の本文を検証する場合を除き、読者への読みやすさを重視して、原則として現代語に改めた。原文の通り、または読み下しまでとするもの以外、行頭二字を下げている。

プロローグ　戦国時代の武家男色、その俗説と実相

同性愛ではなく少年児童への性愛

先に断りを入れておくと、史料上の男色《なんしょく》や衆道《しゅどう》は、現在の男性間で行われる同性愛（ゲイ）と同義ではない。男色の異称が「若気《にやけ》」「若道《じゃくどう》」であるように、成人男性が少年児童を抱く「少年児童への性愛」を意味する言葉である。従って本書が扱う武家男色の中身は、普通の同性愛とは必ずしも一致しない。あらかじめ了解されたい。

通説的イメージに対する三点の疑問

では早速ながら、従来唱えられてきた通説の問題から指摘してみよう。

戦国期の武家社会における男色は、特別珍しいものではなかったとされる。これはその通りで、明らかな抑圧や差別はほとんどなかったようである。

だが一部の通説的イメージ、特に次の三点には疑義を呈したく思う。

通説(1)　それは戦場から生まれた

武士の男色は戦場から生まれたという見方がある。中世では、血の穢《けが》れを持つ女性は縁起が悪く、神聖な合戦に連れて行くことが禁忌《きんき》とされた。このため戦場の武士たちはもてあます性欲を、男性同士で解消するにいたった。戦場の男色は愛しあう者たち同士が勇戦する効果も期待された。これが武家男色の起こりである。

通説(2)　それは武士の嗜《たしな》みであった

ほとんどの戦国武将が男色という「風流の花」に憧憬《しょうけい》を抱き、女色《じょしょく》しか知らない侍は、武士の嗜みを知らない田舎者と見下された。主従関係の価値観と結びついた武家男色は「衆道」と呼ばれ、強い精神性と高い文化性を備える崇高な趣味とされた。

通説(3)　多くの武将が男色で出世した

戦国の武家社会において、男色は組織運用に大きな影響を及ぼした。大名はお気に入りの小姓《こしょう》が成長すると要職につけ、前線の城を預けるなどして大きな権限を与えた。忠義の者として重宝されたのである。寵愛《ちょうあい》を受けた武将もそれを大いなる誇りとした。

以上、三点。これらは武家男色の特徴としてほぼ通説視されつつあるが、どれも実態に即していると思えない。まずは私見を述べておこう。

最初は通説(1)の「それは戦場から生まれた」についてである。武家男色が戦場から自然発祥したとする説は、実は史料に根拠を認められない。どちらかと言えば公家や僧侶などの外部から取り入れた風習である。女性が戦場で忌避された事実はないし、戦国時代の古戦場では女性の遺骨が発掘されている。

次に通説⑵の「それは武士の嗜みであった」である。男色が当然の武家社会では、女色にしか興味のない者は見下されたとされるが、これも史料に事実を確認できない。崇高な趣味として憧憬を集めたとするような評価があるものの、同時代史料にそうした証跡は見られず、後代《こうだい》に付された男色像であるように思われる。

確かに武家の男色はいわゆる上流階級から伝わっていったが、特別な思想や精神性を伴っていたようには見られない。強いて言えば、豊臣時代から江戸時代初期にかけて殉死《じゅんし》や自傷の現象が見られるぐらいで、それ以外に文化的な深みを認めることなどできない。

そして通説⑶の「多くの武将が男色で出世した」はどうだろうか。

戦国時代に男色の寵を得た小姓が出世した――という話はよく目にする。だが、出典とされるのは二次史料ばかりで、後世の創作である疑いが濃厚と言わざるを得ず、当時の武将が男色の関係を誇った徴証《ちょうしょう》も同時代史料に見出すことができない。

個別にはあとで検討していくとして、概観的には主従強化のため男色が活用された事実を確認できず、むしろそのような行いは、かえって家中の乱れを生むものと見なされていた様子すらあることをここで述べておきたい。

以上、簡単ながら従来のイメージに再検討の余地があることを述べたが、より詳しい説明を行うには、まず武家社会の男色が、起こりから終わりまで一様だったのではなく、段階的な発展を遂げてきたことから理解してもらわなければならない。ローマは一日にしてならず――。あっちへ行き、こっちへ行きして、ようよう成熟を見ていくのである。

武家男色の段階的発展

武家の男色が独自の文化を持ったことは疑いを挟まないが、最初期から完成されていたのではなく、いくつもの紆余曲折《うよきょくせつ》を経て成熟に近づいていった。室町期から戦国期における変遷を追ったところでは、次の段階的発展があったことが認められる。

▼第一段階　吸収期（足利義満《よしみつ》から足利義量《よしかず》まで）十四世紀後半〜十五世紀前半

武家社会の男色は、僧侶や公家との異文化交流によって萌芽を見せはじめる。はじめのうちは「大名と小姓」といった武士同士の関係はほとんど見られず、「武士と稚《ち》児《ご》」あるいは「武士と喝食《かっしき》」のような禅林《ぜんりん》（禅宗の寺院）側の少年児童との事例が主流であった。

これを「吸収期」とし、室町の三代将軍義満（一三五八～一四〇八）から五代の義量（一四〇七～二五）までの区切りで見たい。

▼第二段階　途上期（足利義教《よしのり》から大内義隆《おおうちよしたか》まで）十五世紀前半～十六世紀中頃

上級の階層で広まった男色に、武家同士の関係が増加していく。もちろん稚児や喝食との関係も続いていたが、「若衆《わかしゅ》」と呼ばれる愛玩の少年に小姓が含まれてくるのである。

だがそこには文化的な消化不良も生じた。まだ戦国とも室町とも言い切れない端境《はざかい》期《き》の上級武士は、政治人事に男色を持ち込む愚を犯すのである。

確かな例としては九代将軍の足利義尚《よしひさ》（一四六五～八九）があり、それ以外でも幕府上層部の不可解な政治ミスを男色で説明するケースが目立ちはじめる。こうした発展途上の段階を「途上期」としたい。

時期的には、小姓寵愛の嚆矢《こうし》と見られる六代将軍の足利義教（一三九四～一四四一）の頃から、取り立てた家臣に滅ぼされる大内義隆（一五〇七〜五一）の例までが「途上期」と呼べるのではないかと思われる。

▼**第三段階　純化期**（戦国中期から天下泰平まで）十六世紀中頃〜十七世紀初期

次いで武家男色は、地方の下級武士にまで浸透する。ただし地方には幕府高官の男色人事に対する批判的視点があったようで、政治と男色の分離をはかり、公私の関係を混同させないよう注意を払いはじめた。実力主義の傾向が強い乱世において、男色は男色に過ぎず、主従関係の論理とは別個にとらえられていた。

当然、そこに忠義と純愛が結合する成熟は見られない。まだ文化や思想と呼べる特性を備えてはいなかったのである。

天下が統一され、戦国が終焉《しゅうえん》する泰平の時代まで、武家男色は成熟を拒み続けたとも言える。戦国終焉の時期については諸説あろうが、ここでは本書の取り扱う元和偃《げんなえん》武《ぶ》（一六一五）までを「純化期」としたい。大坂落城、豊臣氏滅亡の年である。

言うまでもなく時代の変化を厳密に区分することは不可能に近い。従ってさしあたっての大まかな区分でしかないが、およそこのような段階を持つと理解されたい。

裏付けとなる事例の検証は各章で詳述するとして、まずは先述した三つの通説的イメージを払拭《ふっしょく》するところからはじめよう。

反証⑴　それは戦場から生まれたのではない

さて、通説⑴の「武士の男色は戦場から生まれた」から見ていくが、そうした解釈はいつ頃生まれたのだろうか。江戸時代後期である弘化《こうか》四年（一八四七）の『賤者《せんじゃ》考《こう》』（本居内遠《もとおりうちとお》）に次の一文が見える。

中世以後、軍陣には婦女を誘ふ事を禁ずるより起りて、応仁《おうにん》以来の乱世より武家にも（男色を）執する輩《やから》多く、その比《ころ》よりやや盛《さかん》になりたる――。

戦場に女性を誘うことが禁じられていたため、応仁以降の戦国乱世に、武家の間で男色が流行したとされている。くだって明治三十五年（一九〇二）の小説『社会百面相』（内田魯庵《ろあん》）にも次のセリフが登場する。

男色は陣中の徒然《つれづれ》を慰める戦国の遺風で、士風を振興し国家の元気を養《やしな》ふ道だ。

【武家男色の変遷】

時期	概要	男色関係
武家男色前夜	公家および僧侶の間で、同性愛および若衆愛玩が流行し、定着を見ていた。	公家＋公家 僧侶＋稚児・喝食
第一段階：吸収期（14世紀後半～15世紀前半）	貴族や僧侶との交流から、室町幕府の将軍を含む上層武士たちが男色文化を取り込んでいく。	武士＋稚児・喝食
第二段階：途上期（15世紀前半～16世紀中頃）	幕府高官内や守護・戦国大名から自足的な男色が現れてくる。	武士＋小姓 武士＋稚児・喝食
第三段階：純化期（16世紀中頃～17世紀初期）	身分・地方を問わず、多くの武士に男色が普及する。多様な相手と関係を持ったが、小姓との関係が主流。	武士＋小姓

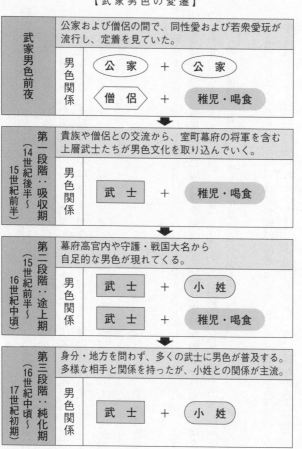

昭和五年（一九三〇）には、男色研究において欠かすことのできない岩田準一氏が、

武家に迎えられた男色は、時代を通過して行く中に、戦場武士の稚児《ちご》扈従《こしょう》、大名の小姓などという形で盛んにもてはやされ、最初には、僧侶特有の風俗らしく思われていたものが、ついには武士によってほとんど奪われてしまったごとき奇観を呈するに至るのである。

（岩田準一『本朝男色考』）

と、戦場で男色が流行したと受け止められそうな一文を記している。だが、こうした印象とは裏腹に、戦場と男色の関係を立証する同時代史料が明示されたことはない。そのかわり古代ギリシアの史料『饗宴』（プラトン）が類例として持ち出されることがある（鈴木照雄訳「饗宴」『プラトン全集（五）』岩波書店）。

人は恋をしているときには、自分が戦闘部署を放棄したり、武器を投げ出したりする様を恋する少年に見られることは、まったくのところ、ほかの誰に見られる

よりもたまらないことであろう。

武家社会の男色を想像するのに適当な他国の例として、しばしば引き合いに出されるファイドロスの演説である。紀元前四〇〇年頃のものとされる。

続いて「城塞や軍隊を運用するにあたって、愛し合う恋人同士で組織すれば、寡兵《かへい》でも大軍に勝利するだろう」とも演説されている。そうすればどんな卑怯者も愛の勇者になると言うのである。

まことそうであるならば、古今の軍事研究家は最強の軍隊を構成する条件のひとつとして、古代ギリシアの男色を研究しなければならない。米軍は二〇一一年に同性愛に対する規制を撤廃したが、冗談交じりに言えば、世界最強の軍隊としてさらなる進歩と回帰を指向しはじめた現れなのかもしれない。

だがこうした軍隊像は当時の現実を述べたものではない。酒の席（饗宴）で「愛は偉大だ」と演説するために持ち出された比喩であり、現実の軍隊を説明した記録ではないのである。ファイドロスは「素敵な君と賢い僕が結婚したら、きっと優秀な子どもが生まれるさ」とでもいう調子で「恋人同士で軍隊を作ったら、きっと強い軍隊になるぞ」と語ったのである。こうした演説があるからといって、「戦士社会のギリシアは少年愛が横行しており、武家政権時代の日本も同様の風潮があった」と類推するのは問題があるだろう。

なお、演説を裏付ける歴史的事実として、傍証に持ち出される軍隊に「神聖隊」(ヒエロス・ロコス)がある。演説から数十年後となる紀元前三七八年、ギリシアで「神聖隊」なる三百名の精鋭からなる特殊部隊が編成された。これは同性の恋人同士で組織された歩兵部隊であったと、プルタルコスによる「ペロピダス伝」(『対比列伝』)に述べられている。こういう部隊が実在したのなら、ファイドロスの演説も絵空事に終わらなかったことになるが、プルタルコスは「神聖隊」から四百年ほどのちの時代に生きた伝記作家である。同書にはところどころ神話的な脚色が見られ、「神聖隊」も史実を離れた想像の産物である可能性が高い。龍や麒麟《きりん》といった神話上の動物に基づいて、生物の進化を論ずることができないように、不確かな伝説に男色文化の源流を求めることはできない。

してみると、架空の軍事組織を歴史的先例とすることで評価されてきた武家男色も、見直しが必要になってくるだろう。例えば次に引用する戦国軍記(『陰徳《いんとく》太平記』)の記述も、作者の意図を離れ、男色絡みの話として曲解されている節がある。

この時、島津勢先陣の内、島津歳久《としひさ》の子・三郎兵衛忠親《ただちか》をはじめとして、五百あまりばかり討たれけるに、皆《みな》二の腕に何氏何某、行年《ぎょうねん》何十歳、何月何日討死と黥《いれずみ》して在りけるとかや。

天正《てんしょう》十五年（一五八七）、天下統一をはかる豊臣軍は、大軍をもって九州の島津氏を攻めた。衆寡《しゅうか》敵せず、最後には当主の義久が頭を丸めて降伏するが、軍記は降伏前における島津勢の勇猛な玉砕を伝えている。

引用文によると、この時島津勢の一部隊は腕に氏名・年齢・没日をいれずみしていた。近年ではこれを、江戸時代の遊女が「○○さま命」といれずみを行った例や幕末明治の薩摩《さつま》で男色が隆盛した例に結びつけ、恋人同士である青年と少年が同部隊に編成され、腕を取り合い、互いの命と愛とを彫りこんだのではないかとする飛躍的な解釈がある。

もちろん玉砕した島津勢に悲愴の覚悟があったのは事実である。だが男色の関係にあるもの同士を五百人も組織する余裕が戦国の、それも滅亡の危機に直面した軍隊にあっただろうか。似た例として、魚津《うおづ》城の戦いを見てみよう。

天正十年（一五八二）、越中《えっちゅう》の魚津城に立て籠った上杉家臣は、十倍近くの織田軍相手に奮戦した。だが、落城の時がやってきた。最後まで生き残った将士は、耳に穴をあけ、氏名を記した木札をぶら下げた（『越後治乱記』）。そして一同、静かに自刃したという。

ここに男色の形跡を見ることは可能だろうか。当時の上杉家に、最前線の要衝《ようしょう》を恋人同士で固めるゆとりなどなかっただろう。相次ぐ連戦によって多数の将士を失い、深刻な人材不足に悩まされていたからである。武士というのは死に花を咲かせるのに名乗りをあげる生き物である。耳に名札を付けたのも、死を目前に「名を後代に残せり」と願ってのことで、先の島津軍もこれと同様に解釈されるべきと思われる。

このほか、史料にも伝承にも、戦場における男色の特別な役割を認めることはできず、男色が戦場から生じたという江戸時代からの俗説には根拠を見出せない。戦場が男色を浸透させたというイメージは、実証もなく語られてきた幻想だったのである。

では次にもうひとつ、血の穢れを持つ女性は縁起が悪く、神聖な合戦に連れて行くことが禁忌《きんき》とされたとする通念についても見直してみたい。

戦場には女性もいた

女人禁制の戦場では、女性との交接を代用するものとして男性同士の性関係が流行したとする解釈がある。しかしそれは、史料に見える中世の戦場風景と矛盾している。

今日聞いた話によると、山名軍は迫力に欠けていた。兵数は七、八百騎ほどであっただろうか。そのうち女騎《めき》が占める割合が多かったという。これはどういうことだろうか。昨日の風聞では四千七、八百にもなるかと謳《うた》われていたのに。

これは南北朝期の公家洞院公賢《とういんきんかた》が書いた日記『園太暦』文和《ぶんわ》二年（一三五三）六月三日条からの引用である。珍しい例ではあるが、戦場では女の武者が活躍することもあった。しかも彼女らは迫力に欠ける（原文は「不猛」）と評されたにもかかわらず、畿内の足利軍を破って京都占領を果たしている。

これが即席で動員された素人集団でないことは、現代の都会人がいきなり武具と騎馬を与えられて「さあ、戦え」と言われて動けるかどうか考えても明らかだろう。女武者は、儀礼用として平時から武器や乗馬に慣れ親しんでいた（『吾妻鏡《あづまかがみ》』等）。だからこそ戦力として投入され、足利軍を破ることができたのだ。

女性が戦場で姿を見せたのは武者としてだけではない。戦場付近に赴いて春を売る「御陣女郎」もいた。陣労を慰めるということでは、豊臣秀吉が全国の大名を動員して小田原城を攻めた時、妻妾《さいしょう》や遊女を呼び寄せた話も有名である。

また、静岡県沼津の千本松原《せんぼんまつばら》には天正八年（一五八〇）、武田勝頼と北条氏政《うじまさ》の間で行われた大規模合戦による戦国の首塚があり、銃弾を受けた男女の頭骨が確認されている。百人余りの遺骨はすべて若者で、うち約三割が女性であった。逃亡中の地元民が流れ弾に当たったようではない。何らかの役があって従軍していたのだろう。

以上、ギリシアの同性愛部隊は想像の産物で、中世日本の戦場では女性が禁忌ではなかった。戦場から男色が発祥したとする通念は、根拠のないファンタジーであり、裏付けとなる史料が示されたこともない。むしろ調べれば調べるほど綻《ほころ》びが見えてくるもので、現時点では虚説として退《しりぞ》けるべきであろう。

反証⑵　それは武士の嗜みだったのではない

歴史を扱う一部の書籍には、「戦国武将は男女両方を愛するのが普通で、武士同士の関係を衆道といった。女性にしか興味がない武士は嗜みを知らない田舎者だと見下されていた」という趣旨のことが書かれている。通説⑵で紹介した「それは武士の嗜みであった」である。そしてそれを信じた人々が、同様の認識を共有しあう現象が起こっている。

こうした理解は、『犬徒然《いぬつれづれ》』という江戸時代初期の仮名草子《かなぞうし》が、男色を侍の嗜みとして主張したことにはじまる。『犬徒然』とは、当時の若衆道に関する逸話と著者の考えとが多く書かれたエッセイである。著者および成立時期など確かなことは不明だが、武家の視線で書かれているので筆を執ったのは武士と見ていいだろう。

成立時期については、公家の近衛信尋《このえのぶひろ》（一五九九〜一六四九）による写本の奥書に元和五年（一六一九）と記されてあるから、同年以前となるはずである。本文中、「慶長《けいちょう》のはじめ」との表現が見えるから、早くとも慶長後期、徳川家康が関ヶ原合戦（一六〇〇）に勝利して、江戸に幕府を開いたあとであり、ほぼ戦国終焉後のものだと言える。

同書は序文で、「この世は時間を無駄にできないほどするべき事が多い」のに、「政治もしないで大事な時期を費やし、百年の過《あやま》ちを行って、世の法に背き、忠孝を忘れ」る原因であるとして男色を批判していながら、「しかしこういうのは、若い時みんなあることだ」と若衆道の絶賛に切り替わる、はなはだ突き抜けた執筆態度を表明している。

さて本題に入ろう。同書には、男色が武士の嗜みであるとする主張が見える。

侍《さむらい》たらん者は、文武二道を学び、勇・智・仁・信・忠を少しも忘れないことが当たり前である。その他、若道の心は年寄りになっても忘れてはならない。

武士たるものは文武両道を学ぶだけでなく、「若道」つまり若衆道を嗜むべきだと述べられている。だが、こうした価値観は、実は戦国時代にはなかった。江戸時代初期でもかなり前衛的な主張であり、読む者に大きなインパクトを与えたはずである。

同書の主張は、若衆好きに喜ばれたらしく、多くの読者を獲得した。極言を弄《ろう》して、熱狂を誘う扇動書の役割を果たしたのだろう。『犬徒然』が広く読まれた事実は複数の写本が確認されていることや、のちに『田夫《でんぷ》物語』がこの中の一節を膨らませて一個の小説にしたこと、『子犬《こいぬ》徒然』と題される模倣本が存在することから、はっきりしている。

江戸時代に書かれた男色関係の史料は、直接・間接を問わず、ほとんどすべて同書からの影響を読み取れる。もっとも、『犬徒然』が書かれた当時、実際に男色が高く評価されていたかというと、そうでもなかったらしい。同書では次の議論が記されている。「ある片田舎のわけ知らず」が、若衆好きに趣味の是非を問う、面白いやり取りである。

「この頃、人々が騒いで遊ぶ若衆狂いとは、何をもって風流だとされるのですか」

「精神性（「心の情け」）をもって思い入れの深きから風流とするのだ」

「若い頃からこの道に興味がないので、とうとう知ることがなかったのですが、六、七十まで上の人を見ていると、ただ尻を使いたいだけなら道理に合わないこと（「僻事《ひがごと》」）と思いますがどうでしょうか」

「かつてはそうでなく一度か二度逢って、一～二回も交わらないことだってあった。ただ肉欲ばかりを目的としない、精神的な関係だったのだ」

「精神性をもって風流の花と言うなら、お互い交わることのない年寄りになってからも死ぬまで想いあうべきなのに、末永い関係はまず見たことがありません。お肌が曲がり角になると秋風が吹き、会話が減って、行き来もなくなる。結局、ただ若い柔肌《やわはだ》が欲しいだけに思えます。それを隠し、都合のいいことばかり言って（若衆を誑《たぶら》かして）いるのではないのでしょうか。（中略）逢って話をするだけとはとても信じられないことです」

　するとこれに答えていた男は「汝《うぬ》がこの道を知らないだけだ」と言い捨てると逃げだしてしまった。

男色議論（野傾論《やけいろん》）の最後で田舎者は、男色の精神性を「少年への性愛を正当化する理屈に過ぎない」と看破した。そして若衆好きは言葉に詰まり逃亡してしまった。田舎者の指摘通り、男色家の武士が中年同士になってまで交わりを続けた例は少ない。のちにこの話を大きくした『田夫物語』でも、登場人物に同様の議論をさせているが、女色派の田夫が若衆好きに向かって、あなたが寵愛する若衆もいつか不快な過去だと思うようになるから、「その方の非道を、はやはや止めたまえ」と痛烈に非難するシーンがある。そしてここでも若衆好きは有効な反論ができないまま、さっさと退散するのである。

このように武家の男色は万人から認められていたわけではなく、ともすれば揶揄《やゆ》の対象ともされたのであり、少年虐待の側面を非難されていた。そして若衆愛好者は、言い返せるほどの理論的な正当性と文化を持っていなかった。

詳しくは後述するが、二次史料に登場する武家男色は、もし本当に常識的な趣味であったなら、もう少し好意的な扱いを受けてもよかったはずだが、多くは政治を誤らせる害悪として、蔑視的に紹介されている。

公家・寺院の世界から上級武士に伝搬し、そこから一般武士へと普及していった男色は、源流では確かに「風流の花」だったとしても、下流に拡がるにつれ、ただの虚勢や方便と化していったように思われる。「片田舎のわけ知らず」は遠慮なくものを言ったが、この道に興味のない武士というのも少なからずいて、口に出さないまでも、少年への男色を「風流だ、嗜みだ」と強弁する層に冷淡な目を向けていたのかも知れない。

同書が「若道の心」を侍の嗜みと主張したのも実のところ、そうではない現実があったからであろう。こうした賛美は、すべての侍が男色に理解を示し、愛好する風景を夢見て説かれた、虚《むな》しい理想だったのではなかろうか。

武家男色への幻想

ここで武家男色に対するその他の幻想についても指摘しておこう。まずは「衆道」という語句とそこからイメージされる精神性についてである。

今日、武家の男色は、衆道なる概念で美化されることが多い。衆道というと、武士道・騎士道・茶道・華道等の言葉を連想して、なんとなく高尚な道であったかのように印象されてしまう。しかしそうではない。

衆道は「若衆道」の略称、つまり「少年愛」と同義で、語源的に森厳《しんげん》な含みのあるものではない。この事実を忘れてしまうと、精神性の強い響きを持つものと受け止めてしまいそうになるが、衆道は武士の男色だけを示す特別の言葉ではなかったし、戦国時代に武士の男色が衆道と称された例もまず探し出せないのである。男色が衆道と称されたのは江戸時代中期からで、その後も武士の関係に限定する言葉として使われたものではない。僧侶や町人の少年愛も衆道と呼ばれたのである。

衆道の字義を若衆道であることを明らかにしたところで言えば、武士の衆道＝武家男色もまた少年愛だったのであり、そこに深い精神性というものは存在しなかった。これは僧侶と稚児の性愛に論理的で体系的な哲学がなかったのと同じだと言っていい。

なんの神秘性もなかった僧侶の少年愛

ここで、僧侶と稚児の関係についても言及しておこう。

僧侶と稚児の男色は、「稚児灌頂《かんじょう》」（正しくは「児《ちご》灌頂」）なる秘密儀式の存在があったことから、非常に神秘めいたものだったとする印象が強い。だがこれは正確な理解ではない。灌頂とは（異論もあろうが簡単に言ってしまうと）、主として密教徒が特別な力を授かる縁結びの儀式とされる。

稚児灌頂の中身は、今東光《こんとうこう》の小説『稚児』で昭和初期に紹介されてから一躍周知のものとなったが、同時に誤解も広まった。今氏が用いたある一冊の写本史料に、『児灌頂私《ちごかんじょうし》』と『弘児聖教秘伝私《こうちごしょうきょうひでんし》』のふたつが併録されていた。『児灌頂私』で指南される灌頂儀式は、特に性的な雰囲気などなく、対する『弘児聖教秘伝私』には「陰所作法」として、稚児との閨房《けいぼう》作法が具体的に書かれている。今氏は両者を一体化させ、稚児灌頂の結願《けちがん》があった夜、初夜のような肉体的交接が行われる内容の小説を公開した。

原本は今氏のような立場（天台宗の高僧だった）でなくては読めないものだったので、史料を見ることができない多くの読者は小説が史実を踏襲したものと理解し、稚児灌頂は初夜の交わりをもって完成するとの通念を持ってしまった。

ところがそうではなかった。近年、ふたつの史料はもともと別物で、『児灌頂私』は宝徳《ほうとく》二年（一四五〇）成立であったとしても、『弘児聖教秘伝私』は中世の成立ではない（江戸時代の成立？）可能性が指摘されているのだ（辻晶子《つじしょうこ》「今東光『稚児』と『弘児聖教秘伝私』」）。

稚児灌頂が初夜の交接を伴う儀式であるとの理解が、誤解だったらしいことが見えてきた。では稚児灌頂が交接を伴わなかった――僧侶と稚児の疑似結婚でなかった――とすると、何を目的とする儀式として生まれたのだろうか。

筆者は儀式の起源を次のように考える。

女性との交わりを禁止されていた中世の僧侶は、戒律の隙間を抜けて男色に耽溺《たんでき》した。しかしこれには古くから批判があり、特に出家していない俗世の少年と交わることに多くの反発が集まっていた。それで特別の儀式を受けた稚児以外の少年――人目につきやすい外部の少年――との関係を断つために独自の作法が創出された。『児灌頂私』に「灌頂していない稚児を犯せば三悪道（地獄・餓鬼・畜生）の種因となる」と明記されていることに、儀式が整備された理由の一端を窺《うかが》うことができる。

稚児灌頂とは「稚児を菩薩《ぼさつ》の化身に見立てて、疑似的な結婚をする儀式」ではなく、「稚児を認可制にすることで寺院に秩序と風紀を保守する試みのひとつ」だったのだろう。

僧侶と稚児の関係に神秘性を見る理解は、今東光氏の小説が知られて以降に顕著で、小説が小説であるに過ぎないと見直した以上、認識を改める必要がある。先入観を取り除いて見直した限り、煩悩《ぼんのう》を取り払ってくれる稚児を菩薩に見立てる以上の神秘性や哲学性を寺院の男色に探すことはできなかった。「中世の僧侶がそうだったから」という前提が怪しまれる以上、戦国武士の男色に深い哲学を求めるのも虚《むな》しい探究であるように思う。

殉死はすべて情死だったのか

もうひとつの幻想として、殉死《じゅんし》には男色がつきものとのイメージがある。寵を受けた若衆は、主君の死に際しては「御最期の御伴《おとも》を申す」もの、「死なばもろとも」の精神で追腹《おいばら》を切るべきもので、これは女色には存在しない概念だったという（『田夫物語』）。

だが本当にそのような精神文化があったのだろうか。

殉死の起源としては、戦国時代にまだ一世紀近く早い室町初期、管領《かんれい》の細川頼之《よりゆき》（一三二九〜九二）の病死を受けて、三好外記《げき》入道が追腹を切った記録がある（『明徳記』）。

病死の別《わかれ》を悲しみて、まさしく腹を切って、同じく死の径《みち》に赴《おもむ》くこと、前代未聞の振る舞い。

それまで合戦で主君と共に討ち死にや切腹する例はあったが、病死に御供《おとも》するなど「前代未聞」の振る舞いだった。ここに武士の殉死がはじまっていくが、頼之・入道ともに老人で、特に男色の関係があった形跡もない。

次に戦国時代まっただ中の永禄《えいろく》年間(一五五八〜七〇)における殉死を見てみよう。永禄五年(一五六二)、出雲《いずも》の尼子《あまこ》晴久《はるひさ》が急死した。死因は脳溢血《のういつけつ》という。晴久の居城は毛利元就《もとなり》の軍勢に攻囲されていて、戦時中の死であったためか、複数の殉死者が出た。籠城中の殉死は珍しかったが、これも男色に因んだ様子はない。忠死であろう。

続いて平時の殉死である。同八年(一五六五)六月十九日、奥州陸奥《むつ》の伊達稙宗《たねむね》が七十八歳で病死すると、九十七歳の老臣・小梁川宗朝《こやながわむねとも》がこれに殉じた(『性山公治家記録』)。管見の限り、主君が十歳以上も年長の家臣にお手付きする例は見出せない。宗朝は天文《てんぶん》十一年(一五四二)の伊達家内訌《ないこう》において、子の伊達晴宗《はるむね》に幽閉された稙宗を救出した忠臣であった。これもまた忠誠心による殉死として見るべきであろう。

このように戦国武将の殉死行為は多くが男色と無関係で、それよりも主君への強い思い入れ——忠誠心があるに過ぎなかった。

これがいつ頃変化していったのか明らかにし得ないが、江戸時代がはじまると、男色の関係にある者の殉死がにわかに露出してくる。

寛永《かんえい》十八年(一六四一)、熊本藩の藩主・細川忠利《ただとし》が病死すると、児小姓である太田小十郎正信《まさのぶ》、内藤長十郎元続《もとつぐ》、原田十次郎之直《これなお》ら総勢十九人が殉死した。全員が男色の関係にあったわけではなく、老臣も多く殉死している。その理由は様々で、殿様とふとした縁があった者、命を助けられたことのある者などが含まれている。もちろん一部にはそれらしい関係にあった人物も見える。

その後、寛文《かんぶん》三年（一六六三）、四代将軍の徳川家綱《いえつな》は「不義・無益」として、殉死の禁止令を発した。江戸初期にはじまった男色と殉死の歴史は、すぐに終わりを迎えたのである。

なお、寛永年間（一六二四〜四四）成立とされる『田夫物語』には、「追腹は若衆が切るもので、女性は切らぬものだ」と主張する風流者に田夫側が反論するくだりが見える。

女が追腹を切る例がないわけではない。高野山に参詣した時、御伴《おとも》したとされる墓石を多く見たが、その中には女のものもあったぞ。これこそ女も追腹を切った証拠ではあるまいか。

田夫の言う通り、女性の殉死は史料に確認でき、藩主の奥方に殉死した例というのもある（鍋島直茂《なべしまなおしげ》室や上杉定勝《さだかつ》室に殉死した男女がいる）。興味深いところでは、藩主に殉死した直臣《じきしん》に「又殉死」する例もあった（伊達政宗―石田将監《しょうげん》―青柳右衛門、等）。

こうして見ると殉死とは、上との結びつきが強ければ誰にでも行われたもので、男色特有の現象とは言えなくなってくる。主君想いで忠死する者の中に、何人か男色関係の例もあっただけ――と見なさざるを得ない。例えると、スギがあるから花粉症があるのではなく、花粉症の中にスギによるものもあるだけだということである。男色の殉死とは数ある殉死の中でも、幹《みき》でなく枝葉に過ぎなかったのではなかろうか。

男色と自傷行為

殉死について説明した以上、自傷行為についても言及する必要があるだろう。

戦国終焉直後の史料『犬徒然』によれば、「享禄《きょうろく》から元亀《げんき》の頃まで」、自傷行為など行われていなかったという。享禄年間（一五二八～三二）といえば、上杉謙信や大友宗麟《そうりん》が生まれた年代である。元亀年間（一五七〇～七三）には織田信長が将軍足利義《よし》昭《あき》を京都から追放している。つまり戦国時代の最盛期にあたる年代である。

同書（『犬徒然』）によれば自傷行為が流行したのは、「天正・文禄《ぶんろく》の頃より、慶長のはじめ」だとされる。豊臣秀吉が天下を統一し、戦国もほぼ終わりの頃であった。

指をきり、あるいは爪《つめ》を放ち、腕《かいな》を突き、五体を苦しめて、己が意をあらわす（中略）これ末世の仕業《しわざ》なるや――。

同様の記録は、後北条氏の事績を記した軍記にも見られる（『北条五代記』）。

徒惚《あだぼ》れする若衆狂いに、股をつき、腕をひく、品《しな》様々の類《たぐい》多し。いまさら沙汰なき事なれば、かえってあざけりにやと書き残し侍《はべ》る。

これは戦国期の東国における風俗を書いているが、書かれたのは天下泰平の元和年間（一六一五～二四）である。自傷行為は「いまさら沙汰なき事」であり、つまりもう元和頃にはなされていなかった。ということは、男色絡みの自傷行為が流行したのは豊臣時代頃だけだったことになる。

だが二次史料ばかりでは心許ない。伊達政宗が寵愛する家臣の只野作十郎《ただのさくじゆうろう》（勝吉）に宛てた同時代史料である書状（伊達家文書）で実例を見てみよう。

ある時、政宗は作十郎の浮気を疑い、酒の席で暴言を吐いてしまった。後日、これを嘆いた作十郎は、腕を突き、血判を据えた起請文《きしょうもん》を政宗に提出した。驚いた政宗は詫び状を書き、その中で「若き時は酒の肴《さかな》にも腕を裂き、腿を突き」したが、「いまこの歳でそんなことをしては笑いものになるのでできない」と弁解している。そして自分の身体はそのような疵《きず》でいっぱいだと述べた上で、気持ちを伝えるために今度、別の家臣の前で血判を押すつもりだと言っている。自傷行為で愛を確かめ合ったのだ。政宗の「若き時」はちょうど「天正・文禄の頃より、慶長のはじめ」であるから、諸書の記録と符合しよう。

だが自傷行為は男色絡みのものだけではない。戦国期には主人の死に自らの指を切って棺に捧げる習慣があった（ルイス・フロイス『日欧文化比較』）。誠の心を見せるため、武士はしばしば自傷行為をやってみせたのである。

男色と自傷の関係は、もともとあった流血文化に、ほんの一時期結びついた徒花《あだばな》として咲き誇ったに過ぎず、それもほぼ戦国が終焉する頃見せた泡沫だったのだ。

反証⑶　多くの武将が男色で出世したのではない

室町末期から江戸初期にかけて流行した男色は、戦国時代には「武士の嗜み」として高く評価され、特に契《ちぎ》りを交わした小姓は「絶対に裏切らない」という強い信頼から、要職に取り立てられたという見方がある。通説(3)の「多くの武将が男色で出世した」である。

ここで織田信長と森蘭丸《らんまる》、武田信玄と高坂昌信《こうさかまさのぶ》の事例を想起する方も多いであろう。蘭丸は美濃国金山《みののくにかなやま》城を与えられており、昌信も四名臣の一人に取り立てられ、最前線の海津《かいづ》城を預けられている。また、上杉謙信に見出され、牢人の身から一国規模を預かる領主に昇った河田長親《かわだながちか》も、史料的根拠はないが同種の関係を疑われている。

しかし戦国武将はシンデレラではない。主君の寵愛があったとして、本当にそれだけで立身出世できたわけではなかろう。普通の恋愛は一対一の関係であるのに対し、主君と家臣は一対複数の関係である以上、二人だけの私的な範囲に留まらず、周囲を含めた公的な関係となる。こうした環境を無視してお気に入りの家臣と肉体的な結びつきを持ち、贔屓《ひいき》して権限を与えていけば、ゆくゆく恐ろしい運命が待ち受けていよう。

当人の能力のあるなしにかかわらず、寵臣への嫉妬と主君への不信感が渦巻き、家中に多大な悪影響を及ぼすことは想像に難くない。武功と名誉が人命以上に重かった戦国の世であれば尚更《なおさら》に思われる。これはあとで史料によって説明することにしよう。

山本常朝と「忍ぶ恋」

次に紹介するのは、「武士道と云うは死ぬ事と見付けたり」の一節で有名な『葉《は》隠《がくれ》』における山本常朝《じょうちょう》（一六五九〜一七一九）の回想である。

（殿様から）御夜着・御布団を拝領になった時、殿様は「慰《なぐさ》み方として召し使う者への加増は遠慮せねばならぬゆえ、志までにくれてやろうぞ。」家老たちへ礼を言うには及ばぬ」と仰せられた。その時、（殿様が亡くなられれば）この布団を敷き、夜着をかぶって追腹仕《つかまつ》らねばならぬと、心底思うほどありがたく感じたものである。

元禄《げんろく》九年（一六九六）、戦国時代から百年ほどのち、江戸時代の話である。常朝は「慰み方」という低い身分で、雑談・芸事・遊戯によって殿様に奉仕していた。言い換えれば殿様である鍋島光茂《なべしまみつしげ》の私的な召使いだった。

それがある時、殿様から夜着と布団を下された。なぜ夜着と布団なのかは明記されていないが、この謎を探る手がかりは、殿様の性的指向にある。同史料によると、ある日、光茂が御側勤《おそばづと》めの北島作兵衛を招き、脱がせてみたところ、浮気の跡がありありと見えた。怒った光茂は即刻、切腹を命じたという。殿様は男色好きだった。常朝との関係もまたそうだったのではなかろうか。下された品に奉公の実態が暗示されているように見える。

身分の低い寵臣が、表立った功績もなく出世することは難しく、深い仲になればなるほど主従の関係は隠微《いんび》なもの——忍ぶ恋にならざるを得なかった。それゆえ公的な功績のない「慰み方」の常朝は、「家老」を介することなく私的に品を下されたのである。『葉隠』は主従間の忍ぶ恋を、「恋の至極は忍ぶ恋なり」「主従の間など、この心にて澄むなり」と高く評価している。常朝の実感が込められていよう。

このように『葉隠』時代の武家男色は「忍ぶ恋」に留まるのが理想で、寵愛によって立身出世することは憚《はばか》られた。そしてそれは、戦国時代も同じだったのではなかろうか。

疑わしい戦国武将の男色史料

ここで一度、戦国武将の男色を疑ってみるべきであろう。

室町末期から徳川の初期に至るまで、男色がいかに武門の間で旺《さか》んに行われたかは、春日《かすが》山日記《やまにっき》や奥羽《おうう》永慶軍記《えいけいぐんき》や、足利季《き》世記《せいき》、関東八州古戦録などの中にある記録によっても明らかである。

これは昭和三年（一九二八）発行の『男色考』（花房四郎著）からの引用だが、男色の記録とされる文献も『足利季世記』以外、すべて江戸時代に書かれた軍記史料である。男色に対する認識は、史料批判の機運が希薄だった昭和初期から現在に至るまで大きな進歩が見られず、市販される関連書籍は多くが昭和初期以来の見方を踏襲している。歴史的過去の異質性を尊重するあまり、批判的考察が不足しているのである。

こうした現状に鑑みて、我々は戦国の男色に向き合ってみる必要がある。

第一部　室町幕府と男色文化

第一章　公家・宗教社会の男色——禁断の扉を開いた足利義満

足利義満から義量までの吸収期

さて本章からは、様々な先入観を取り払った上で、実際どのようにして武家の主従男色《なんしょく》が浸透し発展したかを、その段階的区分けに従って見ていきたい。まずは第一段階の「吸収期」（足利義満《よしみつ》から義量《よしかず》まで・十四世紀後半〜十五世紀前半）から、その内実を見てみよう。

武家男色のはじまり

武家の男色はいつ頃はじめられたのだろうか。時期的にはプロローグで示したように室町末期頃からと推測されている。筆者もおおむね異論はないが、平安・鎌倉時代の武士にも男色の事実は認められ、覚性法親王《かくしょうほっしんのう》（一一二九〜六九）と平経正《たいらのつねまさ》（？〜一一八四）の関係もそうだとされている。だがこれらは散発的で、いずれもまだ様式化を見ない。武家社会独自の男色として扱うには難がある。

先に、武家の男色が、僧侶や公家など異文化の風俗から吸収されたことを述べたが、弘長《こうちょう》元年（一二六一）に発せられた『御成敗式目《ごせいばいしきもく》』の追加法には破戒僧《はかいそう》への言及があり、「禁戒に背き、俗人・童《わらべ》と相交わる」僧侶が追放の対象とされている。鎌倉武士は僧侶の男色を戒律違反と見て厳しく対処していたのである。寺院からの浸透はまだなかっただろう。

公家との関係を見渡せば、『台記《たいき》』（十二世紀、公家による日記）に著者の藤原頼長《よりなが》（一一二〇～五六）とその従者である源義賢《よしかた》（木曾《きそ》義仲《よしなか》の父・？～一一五五）が関係する記事が見えるが、そこに精神的な結びつきはなく、公家の淫らな趣味につきあわされたに過ぎない。武家同士の男色が一般化するのは、やはり室町時代になってからだと言えよう。

詳細は後述するとして、足利義教《よしのり》と赤松貞村《さだむら》、足利義政《よしまさ》と山名治部《じぶ》のように将軍と守護の関係や、管領《かんれい》細川政元《まさもと》の若衆《わかしゅ》好きはよく知られている。これらは鎌倉時代までには見られなかった現象で、少なくとも幕府高官の周辺に男色の存在が真実性を伴って語られるなど、考えられないことだった。それが室町の世になってから、じわりと変わっていくのである。何が彼らを変えていったのだろうか。

おそらく、異文化交流の成果であろう。室町幕府は京都に拠点を置き、公家や仏教の文化と交流を深めた。主導したのは三代将軍足利義満《よしみつ》（一三五八～一四〇八）である。

義満は多くの批判を受けながらも積極的に異文化を吸収し、武家社会に融合する素地を築いていった。結果、男色の風習が入っていくのは自然の流れであった。公家と仏教にはすでに同性愛ないしは男色愛好の歴史が根付いていたからである。

義満もまた、男色を愛したと見られている。思いつくまま並べるだけでも、世阿弥《ぜあみ》との関係や稚児《ちご》趣味、そして小姓《こしょう》の重用がこれまで指摘されている。公家・僧侶の異文化を取り入れる過程で、武家社会に男色の魅力が知られるようになったと見ていいだろう。

しかし武家は、公家・寺院社会の男色の文化をすべてそのまま受け入れたわけではなく、武士独自が持つ性格に適合する形で、取り入れていくのであり、また当初から江戸時代のような衆道《しゅどう》文化に向かっていたわけではない。

では何をどこまで、どんな姿に変容させながら発展させていったのだろうか。詳しい変遷を探るには、公家・寺院社会における男色の実態と特徴から見ていかなければならない。

公家社会と同性愛——藤原頼長と『台記』

公家社会では古くから男色——というより同性愛の存在を散見できる。一例として先にも触れた院政期の公家藤原頼長《よりなが》による日記『台記』をあげてみたい。久安《きゅうあん》四年（一一四八）正月五日、頼長は自身が召し使う武士と交わった。記録を読み下してみよう。

今夜義賢《よしかた》、臥《ふし》の内に入り、礼なきに及び景ありを味わう。〈不快後、初めてこの事あり〉

頼長は「今夜、義賢（木曾義仲の父）が臥の内に入った。上下の関係を忘れ、楽しみを味わった。不快後、初めての行いであった」と告白している。頼長と寝所に入った義賢は、一昨年前、能登庄《のとのしょう》を預けられたが、年貢未進が目に余って頼長のもとに送還された。「不快後、初めて」とは、「送還後、初めて」の行為だったという意味だろう。ということは、過去にも二人は肌を重ねていたわけである。だが頼長の相手は義賢一人でなかった。

天養《てんよう》元年（一一四四）十一月二十三日条に、「彼人（藤原忠雅《ただまさ》）、初めて余を犯す。不敵々々」とあり、当時二十四歳だった頼長が、四歳年少の忠雅に抱かれたことが見えている。そればかりではない。ほかにも数多くの相手がいたことが先学によって明らかにされており、特に五味文彦氏は、頼長の相手七人までを特定し、そのうち四人が当時の院に近しい公家であったことから、背後に政治的思惑が隠れていた疑惑を指摘している。

「悪左府《あくさふ》」の異名をとる頼長は、同時代人から「はら悪しく、よろずに際どい人」と評されるほど野心的で計算高い男であった。枕営業というわけでもあるまいが、同性愛を政治の道具と考えることは充分あり得たであろう。

頼長と関係を持った大僕卿孝標《だいぼくきょうたかあき》なる貴族は、その後ほかの有力貴族への接触を頼長に依頼し、交流の幅を広げている。相手となった公家たちは、頼長との結びつきを強くして政治的立場の向上を望んだのである。

当時こういうことはよくあったらしく、同じ院政期の公家・九条兼実《かねざね》（一一四九～一二〇七）は日記『玉葉《ぎょくよう》』で、政敵である近衛《このえ》基通《もとみち》（一一六〇～一二三三）と後白河院（一一二七～九二）の関係に嫌悪感を吐露《とろ》している。

> （近衛基通が）後白河院に「鍾愛《しょうあい》」されたのはいまに始まったことではない。（中略）七月頃から（基通に）「御艶気」を発し、二十日には御本意を遂げられ、八月十四日にも「艶言・御戯《おたわむ》れ」があったようだ。御志《おこころざし》浅からずの有様だと言う。君臣合体の儀、これをもって至極となすべきか。古今にこんな例はない。末代までの珍事だろう。

「艶言・御戯れ」が真実かどうかは確かめようがないが、そのようなことが実際に起こってもおかしくない環境が当時の公家社会にあったと見ていいだろう。

『万葉集』や『源氏物語』の例を出すまでもなく、公家文化を支える王朝文学には、おおらかな性愛への礼賛、人間性への肯定が見受けられ、これを批判することは野暮とされた。それゆえだろうか。貴族間に同性愛の寵による出世を邪道とする感覚があったとしても、乱れた風紀を諫《いさ》める者や規制する機運が生まれなかった。だらしないとは思っても、そこに水を入れるような野暮なことはしたくなかったようだ。

堅苦しいことは言いっこなし——。彼ら貴族は「野暮ったさ」と「だらしなさ」を天秤にかけ、野暮ったさを退《しりぞ》けたのである。

僧侶の稚児文化と男色

次に僧侶と男色の関係を見ていきたい。建久《けんきゅう》三年（一一九二）に書かれたという守《しゅ》覚《かく》法親王（一一五〇〜一二〇二）の『右記』には、稚児の作法が記されている。要点をあげてみよう。

- たしなみのため、懐紙《かいし》を絶やしてはならない。
- 立ち振る舞いが荒々しくてはいけない。

・寒くても囲炉裏《いろり》に近寄ったり、手をかざしたりしてはならない。
・暑い時も出仕場で扇を使ったり、衣装を乱したりするのは論外である。
・人前で私語をすること、顔を指さすこと、声高《こわだか》に笑うことは慎むべきである。
・稚児は僧に身を恥じるのが望ましい。

稚児は雑用係としてだけでなく、外見や挙措《きよそ》の美しさが求められたのである。これはのちに武家の小姓文化にも入っていく少年の作法である。

しかし稚児文化は見た目《め》を愛でられるだけに留まらなかった。

鎌倉中期の高僧である宗性《そうしよう》（一二〇二〜七八）が、嘉禎《かてい》三年（一二三七）に悪事を断つための誓文『五箇条起請事』には「九十五人までは男犯を行ったが、百人以上の淫欲は行わない。亀王丸《かめおうまる》以外に愛童は儲《もう》けない」という凄まじい一文が見える。平安時代の高僧、源信《げんしん》は『往生要集《おうじようようしゆう》』にて「男の、男において邪行を行ぜし者」は地獄に堕ちると記したが、中世の僧侶はそんなものお構いなく男色を行った。しかも公家のように成人男性を愛するのではなく、まだ成長過程の少年ばかりを愛した。

これには批判もあり、建長《けんちよう》三年（一二五一）、良遍《りようへん》（一一九四〜一二五二）は「垂髪なら男女構わず夜の宿を許す」現状を問題視しており（『良遍遺誡案』）、弘長《こうちよう》二年（一二六二）、武家による『関東新制条々』では「童」と交わる破戒僧が取沙汰されている。しかし僧侶の稚児趣味は抑圧されるどころか、かえって文化的な様相を呈していくのである。

　戦国前夜（十五世紀頃）に成立した心田清播《しんでんせいは》の『心田詩藁』、三益永因《さんえきえいいん》の『三益艶《えん》詞《し》』など五山《ござん》文学（五山禅林《ぜんりん》の漢詩文学）を支えた僧の作品には男色を詠ずるものが多く、雲泉太極《うんぜんたいきょく》の日記『碧山日録《へきざんにちろく》』にも男色絡みの説話が見える。

　これを精神的な文化と評する向きもあるが、作中に見える艶詞の送り先は生身の人間（細川氏や若狭《わかさ》武田氏出身の喝食《かつしき》もいた）である。僧院の稚児文化は外観的なものに留まらず、肉体的な関係を伴っていた。高度な教養に裏打ちされていたパブリックな文学として文化的価値を遺したとはいえ、享楽的な平安貴族の恋文と大きな違いはない。僧侶の少年愛は肉欲を根幹としたのである。

　こうした背景に基づいたものか、宝徳《ほうとく》二年（一四五〇）までには「児灌頂《ちごかんじょう》」の儀式が生まれ、儀式を経ない稚児との男色は「三悪道」のひとつとして禁じられるに至っている。男色自体は既成事実として認めざるを得ないにしても、誰かれ構わず行われる無秩序の状態には歯止めが必要であると考えられたのだろう。

ともあれ僧侶の相手は一貫して稚児に限定されていた。当然そこには大人による年少者への支配的な上下の関係があり、稚児には僧侶に尽くす一途さが求められた。「念者《ねんじゃ》」「念友《ねんゆう》」から愛される稚児たちは、究極的にはその生命まで捧げることが至上とされた。

証跡としては、日本各地に稚児の自殺話が残されている。神奈川県の「稚児ヶ淵」、宮崎県の「稚児ヶ池」、鹿児島の「稚児の滝」「稚児の松」はすべて、僧侶の浮気に絶望したか、あるいはさる事情で自殺する僧侶と共に心中する伝説が地名の由来となっている。似たような話は『徒然草《つれづれぐさ》』『源平盛衰記』など、複数の史料に認められる。こうした少年愛の悲話を忌まわしいと見るか美しいと見るかは別として、僧侶は幼い稚児を愛玩した。これを「恋慕の念」と称した。

将軍足利義満の異文化交流

さて、武家である。ここで先ほど紹介した三代将軍の足利義満を見ていこう。

義満と言えば、絢爛豪華《けんらんごうか》な鹿苑寺《ろくおんじ》金閣、禅林の五山文学、世阿弥《ぜあみ》（一三六三〜一四四三）と猿楽《さるがく》——これらに代表される北山文化を想起される方も多いと思う。北山文化はのちに室町文化として包括されるが、「室町幕府」なる歴史用語も義満が北大路《きたおおじ》の室町に移り住んだのが由来である。

父の死により、十歳にして将軍になった義満には多くの難題がのしかかっていた。目下の重大事は、幕府権力の強化と、南北に分かれた朝廷の統一であった。

義満の手腕は非凡だった。巧みに家臣の相互関係を利用して幕府権力を強化すると、長年の動乱で力を失った公家社会に進出し、その役割を肩代わりすることで南北朝の合一を主導した。そして太政大臣・准三后《じゅさんごう》と、人臣位を極めたあと、法体《ほったい》の身となり、宗教界での存在感を高めた。武家棟梁としての立場を超え、公家社会および寺社勢力に入り込み、内側から君臨しようとしたのである。

足利義満（鹿苑寺蔵）

その過程において義満は先代までに見られなかった「異文化交流」を積極的に推進し、武家・公家・寺社文化の融合物として北山文化を花開かせた。それまでの武士を粗野で武張っただけの存在から、新時代の文化の担い手へと変革させていったのである。

以降、室町将軍は何かにつけ義満に先例を求め、手本としていくようになる。それまで軍事機関のにおいがまだ色濃く残っていた「足利幕府」を、文化の中心地たる「室町幕府」に洗練させた将軍として印象されたのであろう。だが公家や僧侶と親しく交わることは、彼らが持つ男色の習俗に直面することでもあった。

もともと男色習俗の伝統を持たない武家であったが、戦力として未熟であるはずの少年兵を、「花一揆《はないつき》」と称して美々しく飾り、大将の護衛にあたらせることもあった(『太平記』)。こうした美的感覚を異文化への憧憬《しょうけい》につなげて、新たな男色文化を生み出す受け皿がないわけでもなかった。

義満の時代から京都近辺の武家社会に公家的な雰囲気が濃厚となっていくが、武家内部に男色文化の萌芽が見えはじめるのもこの頃からである。

足利義満と豊臣秀吉の比較

さて武家社会における男色の実態を探る前に、義満個人の男色趣味から検証しておかなければならない。武家男色の起源と原形をすべて義満に求めてしまうと、その後の武家男色の進化と発展を見誤る恐れがある。それゆえ、ある程度の実否を見直す必要がある。

義満が男色を行ったと認められる直接の史料は意外と確認されていない。例えば、誰それと夜を共にした、寵臣が嫉妬で揉《も》めた、などといった記録を筆者は見出せない。

かろうじてあげられる史料に「二条良基《よしもと》書状」が存在するが、偽書の疑いがある。これについては後述するとして、まずは義満の男色好きを示すとされる情況証拠を列記してみよう。

- 義満は、まだ少年だった猿楽師・世阿弥を寵愛《ちょうあい》した。
- 紅葉狩りには着飾った稚児を連れ歩き、法会《ほうえ》に上童たちを随伴させた。
- 多くの小姓を身辺に置き、気に入った者を長じて出世させた。

いずれも否定し得ない事実である。このように表面的なことだけを簡単に紹介すれば、誰しも「男色の証拠だ」と思ってしまうであろう。ところがここに罠がある。

例えば次のような歴史上の人物がいる。

- 低い身分の生まれだったが、主君に寵愛され、大名に取り立てられた。
- 正室との間に実子は育たず、世継ぎが生まれたのは五十代も半ば過ぎの頃だった。
- 煌《きら》びやかな能楽を好み、白粉《おしろい》や鉄漿《おはぐろ》の化粧を嗜《たしな》んだ。
- 身辺に少年を置き、気に入った者は長じてから大名に取り立てた。

・また、御伽衆《おとぎしゅう》をそばに置いた。
状況証拠は義満以上に豊富である。さだめし大層な男色家だろうと想像されるかもしれない。しかしこれは、豊臣秀吉の特徴をそれらしく列挙しただけのものである。言うまでもなく秀吉は男好きではなかった。

醜悪な容貌で知られる秀吉が、信長に取り立てられたのは男色でなく、実力を認められてのものであることは周知の通りである。正室との間に子は育たなかったが、若い頃から浮気をしており、側室も大勢いた。後年には朝廷の関白となり、公家らしく白粉や鉄漿を行った。また、身内の少ない秀吉は、昔から使っていた若者を取り立てることを好んだ。そばに集めた御伽衆は老人も多く、天下人の政治や教養を支えるものとして重宝された。掲出された秀吉の「それらしい」特徴は、どれも男色と無関係な理由によって説明できる。

このように、部分的な特徴の概観で歴史上の人物を男色家と見ることは危険であり、義満もまた後年の室町文化に対する印象から推断されている可能性を疑わなければならない。

義満と世阿弥

まずは世阿弥との関係を疑ってみよう。

世阿弥は『二曲三体人形図《にきょくさんたいにんぎょうず》』にて、女を演ずる場合、見た目だけでなく心から女性になりきることを説いていて、また、世阿弥が作ったとされる能「経政《つねまさ》」も稚児愛がモチーフにされている。これらにより世阿弥個人が稚児文化に共感的だったのは事実とされている。だが、世阿弥は女性だけでなく、老人や武人、鬼の演技についても同様の演技論を述べており、女装だけを特別視したわけではない。作品に稚児愛が使われているからといって、作者自身が愛好者と限らないことも言を俟《ま》たないだろう。

こうした印象論以外で引き合いに出されるのは、三条公忠《きんただ》（一三二四～八四）の日記『後愚昧記《ごぐまいき》』である。永和《えいわ》四年（一三七八）六月条に「大樹《たいじゅ》」（将軍）の義満が桟敷《さじき》から祇園祭を見物する様子が書かれていて、そこに十五～六歳頃の世阿弥の姿を認められる。以下は意訳だが、「」内は原文のまま引用する。

> 猿楽の児〈観世《かんぜ》の猿楽と称する法師の子なり〉が大樹（義満）の桟敷に召し抱えられ、祇園祭を見物した。この児童はある時から大樹に「寵愛」され、同席し

て杯を受けていた。だが、彼らの行う「散楽」(通俗的な芸能)など「乞食の所行」である。

それにもかかわらず大切に使うものだから、世間がこれに追従《ついじゅう》している。贈り物をしてやれば義満が喜ぶので、大名たちは争うように、この児のために巨万に及ぶ財宝を費やしたと言う。おかしなことだ。


義満が観阿弥《かんあみ》の子である世阿弥を「寵愛」したという話である。疑惑の種は寵愛という表現から受ける印象にあるだろう。

寵愛なる表現には、性的な意味に結びつけたくなる引力がある。だが史料上、これらの誘惑的な字句を見つけたとしても冷めた目で読み直してみるべきであろう。例えば「父の信虎《のぶとら》は、長男より次男を寵愛した」という表現を見て性的なことを考える人は普通いない。軍記『武功雑記』もまた、島左近《しまさこん》を石田三成《みつなり》の「寵人《ちょうじん》」だったと記しているが、三成が召し抱えた時、左近はすでに初老だった。この年齢差で男色があったとしたら珍しさが強調されたはずだが、そうした形跡はない。世阿弥の「寵愛」もお気に入りとして贔屓《ひいき》された程度の意味で理解していいのではなかろうか。

さて、「寵愛」から受ける先入観を遠ざけた上で日記の内容に戻ろう。

三条公忠は苛立《いらだ》ちを覚えていた。過去の『後愚昧記』によると、義満はこれまで四回、祇園会を見物しているが、芸能者を同席させ、杯まで与えたのは今回が初めてだった。稀代の教養人だった公忠にすれば、ことあるごとに義満が公家社会に土足であがり、数々の先例を破っていく姿は不快だっただろう。しかも卑しいはずの猿楽者が貴人のみに許される桟敷に上がるところなど見たくもなかったに違いない。

しかしこの光景は、義満が自身の欲望が赴くまま、公衆の面前で少年を可愛がったなどという単純なものではない。先に「公家社会および寺社勢力に入り込み、内側から君臨しようとした」と述べたように、義満は武家としてだけでなく、公家や僧侶としても人の上に立つことを望んだ。

だが、公家の上に立つには位階を高め、親族によって門閥を広げたところで優位にあがれないものがあった。伝統的な審美眼である。個人の感性がどうあれ、公家という血族による美的感覚はそのまま文化の中心となる。対抗するには、新たな文化の担い手を自ら見出し、これを権威づけて世の真ん中に持ってくることが有効であった。そこで持ち出されたのが猿楽であり、観阿弥とその子世阿弥だったのだろう。言うなれば、権力闘争のための政治的パフォーマンスだったのである。

義満の挑発は、伝統的貴族として文化の中心にあった公家の存在意義を脅かした。

『後愚昧記』に吐露された公忠の不快は、権力者が愛人を見せつける醜さというところからきたのではあるまい。伝統文化が挑発されたことに対する憤りなのである。

ではもうひとつ、世阿弥との関係がほのめかされる別の史料があるので、紹介しておきたい。先に偽書の疑いがあるとして触れた「二条良基書状」である。

この書状には「藤若《ふじわか》（世阿弥の幼名）をもう一度連れてきて欲しい。一日中、麗しさに心を奪われました。『源氏物語』の紫の上や唐の楊貴妃のようで将軍さまが寵愛なさるも道理だと思いました」という主旨のことが記されており、世阿弥の伝記では必ずと言っていいほど紹介される有名な史料である。これは義満と世阿弥の関係を示唆するだけでなく、世阿弥が美少年だったとする説の根拠ともされている。

だがこの書状には問題がある。江戸初期に作られた写ししか現存していないのである。そればかりか、もし同内容・同文の文書が実在していたとしても、古文書の愛好家は「眉に唾《つば》付けてみて、お買いにはならない」代物で、義満と世阿弥が生きていた時代の史料と見るには厳しいとの指摘がある（百瀬今朝雄「二条良基と世阿弥」）。

不自然とされるのは、「最勝院御坊」や「最勝院殿へ」とされるべき宛所が「最勝院へ」とあることや、文中に見える「将軍さま」の語が江戸時代的で、この時代に同例の使用をほかに探すのは非常に難しいところであるという（当時は「大樹」あるいは「武家」と記され、もし将軍と書かれていても「さま」はつかない）。こうした指摘が正しければ、件の書状は良基による実際の書状ではなく、「偽文書《ぎもんじょ》」あるいは「文学作品」ということになる。

義満と世阿弥の関係が疑われる証拠としてあげられる史料は『後愚昧記』と「二条良基書状」ぐらいだが、裏付けとするにはどちらも検討の余地が残される。ほぼ絶対視されつつある世阿弥との関係は、いま少し相対化される必要があるだろう。

義満と稚児

次に紅葉狩りなどのイベントに稚児衆を伴った義満の真意を考えてみたい。

法体になってからの義満は、美々しく着飾った少年を各地へと連れ歩いた。三宝院満済《さんぼういんまんさい》（一三七八〜一四三五）と紅葉狩りを楽しんだ時には、日よけの笠や水干《すいかん》に身を包んだ「御騎馬後垂髪廿人《すいはつにじゆうにん》」を伴っている（『兼敦朝臣記』応永《おうえい》七年〈一四〇〇〉十一月二日条）。また、後円融《ごえんゆう》天皇（一三五九〜九三）の十三回忌にも、「上童《しようとう》」として慶御丸《けいごまる》・慶賀丸《けいがまる》・長寿丸《ちようじゆまる》・御賀丸《おがまる》・光有丸《みつありまる》・千若丸《ちわかまる》を伴い、彼らは金襴《きんらん》の狩衣《かりぎぬ》・唐織物《からおりもの》を華やかに着こなしている（『荒暦《こうりやく》』応永十二年〈一四〇五〉四月二十六日条）。至るところに見目よき稚児を連れ回し、人々に得意満面と見せつけたことになるが、義満の性指向に直結する行為かどうかはよくわからない。すべて義満出家後の記録で、しかも高位の公家や僧侶と同席するイベントばかりだからである。

京都の公家文化に溶け込んだ義満は、太政大臣・准三后にまで昇り、人臣位を極めた。その後、次に目指したのは宗教界に君臨することであった。

武家としてではなく、立ち位置に応じた形で頂点を目指すのが義満の考えであったらしい。寺社勢力に対しても武家としてではなく、僧侶として上に立つ意志があったのだろう。してみると選《よ》りすぐりの稚児・上童を随伴したのも、僧侶の稚児趣味に感化されたというより、彼らが何に羨望を抱くかをよく理解した上で、視覚的存在感を誇示したように思われる。だから連れ歩く稚児の数も一人ではなく、常に大勢なのである。

義満が誇る、移動式メイド喫茶（稚児喫茶?）は周囲を眩惑させたであろう。

だが、義満の稚児に対する態度には、後世の若衆好きな武士に見られる「一対一の私的な関係」というものが見られず、単なる侍《はべ》らかしや見せつけの域を出ていないようには思われない。そこに性愛があった証跡がなく、公家や僧侶から羨望を集める美しい使用人を、大勢所有していることをアピールしたことまでしか確かめられないのである。

小姓制度の誕生

もうひとつ見ていこう。「小姓」の語源は、扈従《こしよう》にあり、室町時代には「小生」あるいは「小性」と書かれた。彼らは大名からの証人（人質）であり、平時には雑用係として仕え、戦時には親衛隊とされた。正式の職制として定められるのは慶安《けいあん》三年（一六五〇）、徳川家光の時からだが、少年を常時近くに置いて召し使う習慣を編みだしたのは義満だという（白倉敬彦『江戸の男色』）。僧侶が雑用係に美しい少年を使っているのだから、武士も同じことをして悪い理由はない――このように思ったものか義満は諸大名から子息を集め、侍童として傍らへ置き、政治的に取り立てた。

義満には亀寿丸《かめじゆまる》（六角満高《ろつかくみつたか》）なる寵童がいたとされる（『康富記《やすとみき》』）。のちに亀寿丸は、ほかの人物に渡っていた六角家の近江《おうみ》守護職《しゆごしよく》を義満の意向により、なかば強引に継承させられた（もとの守護は追放された）。彼の存在もまた義満が男色を好んだ例のひとつと見られている。

しかし、これもよく見るとおかしいのである。亀寿丸は義満の同母弟である（『足利治乱記』等）。どんな男色好きでも、親族に手出しする例はないだろう。あったとすれば激烈な批判が残されたはずだが、そのような史料も見えない。亀寿丸の存在が注目されたのは、当時それまで見たことのなかった小姓制度の起こりが奇異に映ったからではなかろうか。

戦国時代には、大名たちが家臣の身内である少年を馬廻りとして取り立て、城主・大名に抜擢するシステムを採用している。義満の振る舞いは単なる趣味というより、小姓制度の先駆けとして評価すべきであろう。

もっとも、それまで親衛隊として少年兵が編成された例はあった（足利尊氏《たかうじ》の「花一揆《はないっき》」が有名）が、幕末の二本松少年隊などと同様、軍事用の存在だったようで、平時から召使い、政治的に利用する発想がそれらしく形になったのは義満からだと思われる。

そこに男色が介在したかどうかはわからないが、初めて見る光景に「きっと公方《くぼう》（将軍）は少年好きに違いない」と思った人は多かっただろうし、こうした心理を逆手にとって諸大名から人質を集めることは、義満にとって好都合だったはずである。

小姓制度は戦国の世には当たり前のものとなったが、素地を築いたのは義満だった。亀寿丸の寵愛も、六角氏への影響力を強めようとする野望の現れと見るべきで、これ以外の寵童も性的関係を認める証跡が乏しい。義満の男色好きは実証されておらず、諸相の根源となったことで遡行的《そこうてき》に見られている可能性を疑わねばならないだろう。

武家男色の浸透のプロセス

以上のように義満個人と男色の関係を相対化してきたが、いずれにしろ幕府が公家および僧侶とのつながりを深めた結果、武家社会に男色の習俗が流れ込むのは必然の流れとなってくる。結果、それがどのように段階的に武家社会に浸透していったのか、その経緯はこれまで明らかにされていないが、結論から言ってしまうと、まず武士は稚児や喝食と親しく交わり、やがて小姓をも対象に含め、武家内で完結する男色がはじまっていく。

はじめのうちは幕府のごく周辺だけで行われていたらしく、ある時期——十五世紀の終わり頃つまり戦国初期——まで地方武士に男色の風景を見ることがない。信憑性の低い江戸時代の史料にすら見出すことが難しいのである。初期における武家男色は、上流階級だけで愉しまれるセレブなお遊びだったのだろう。

それがいつしか地方の、それも幕府と関わりの深い大名家に伝搬していく。そこから広域への拡がりを見せていくが、誰もかれもが行うといった無秩序なものではなく、「忍ぶ恋」の範囲に留まる、節度ある関係が主流だった。

以上が戦国期における武家男色の流れだと言っていい。のちにこれは、牢人から町人まで普及し、江戸時代初期には世界的にも稀な男娼文化を築いていく。義満のまいた種は誰が水をやるでもなく自らたくましく育ち、世を圧倒する巨木として青葉を輝かせたのである。

では義満以降、どのようにして男色が武家に受け入れられていったのだろうか。ここからは具体的事例をあげながら、順を追って説明しよう。

宣教師が見た日本の男色

足利義満の死からほぼ百四十年後となる天文《てんぶん》十八年（一五四九）――。キリスト教を広める目的で来日した宣教師の一団がいた。イエズス会に所属するフランシスコ・ザビエル（一五〇六〜五二）の一行である。欧州と日本の文化的違いに驚愕《きょうがく》した一団だったが、とりわけ男色容認の風潮にひどく衝撃を受けたようだ。ザビエルの生の声を聞いてみよう（「フランシスコ・ザビエル書簡」）。

僧侶たちは寺院の中に武士の少年をたくさん置いて読み書きを教える時、彼らと共に罪を犯している。一般の人々はそれが習慣になっているので、これを好まないでも、別に不思議とも思っていない。

僧侶が犯した「罪」というのは言うまでもなく、男色の行いである。当時のキリスト教徒は男色に批判的で、許しがたい罪と見ていた。

我々の教師は、子供たちに教義や貴い、正しい礼儀作法を教える。坊主は彼らに弾奏《だんそう》や唱歌、遊戯、撃剣などを教え、また彼らと忌《い》まわしい行為をする。

こちらは天正《てんしょう》十三年（一五八五）、ルイス・フロイス（一五三二〜九七）によって書かれた『日本史』の記述である。この「忌まわしい行為」もまた男色のことに相違あるまい。男色の風俗は寺院を通して武家社会に広められていた。

当時の寺院は武家にとって教育機関のひとつで、多くの戦国武将は、少年期に入学させられた経験を持っている。もちろん彼らのすべてが男色の洗礼を受けたわけではなく、守護大名クラスの子息がそうそうお手つきにされることはなかっただろうが、男色の世界を知るのに充分な環境であったことは認められよう。

武士は幼い時より、男色の世界を目の当たりにすることがあり、宣教師のように嫌悪する価値観はなく、ただ当たり前の風景としてとらえていた。こうした環境下で育った武士が僧侶と稚児の関係を、大名と小姓の主従間に持ち込んだとしても何ら不思議はない。

親衛隊＋少年兵＝小姓

僧侶と稚児のごとき関係が、武士と小姓に転用された土壌についても指摘しておこう。もともと武士は美々しく着飾った若者を準兵《じゅんぺい》として編成することがあり、足利尊氏を警護する少年部隊「花一揆」が有名である。構成員は色彩鮮やかな鎧《よろい》を着け、その兜《かぶと》は梅花で飾られた。大将とされた饗庭命鶴丸《あえばみょうづるまる》も「容貌当代無双《とうだいむそう》の児《ちご》」だったという（『太平記』）。戦国時代には小姓衆が主君の身を守る最後の砦とされた。親衛隊、近衛兵である。

古今東西、親衛隊や近衛兵は、華々しい装束と容姿の美しさが要求された。例えばヒトラーの武装親衛隊に入隊を希望する者は、純粋なゲルマン民族である以外に、端整な容姿が求められた。現在でもバチカンのスイス衛兵隊や、忠烈祠《ツオンリエツー》を警護する台湾の衛兵が、個人の容姿を採用基準のひとつに置いている。中世日本の場合、親衛隊を少年で構成する発想があり、先のごとく尊氏が実用したわけである。

もちろんこれは男色と無関係に構成された。例えば、幕末の白虎隊は殿様に男色趣味があったのではなく、軍事的必要により組織されたものである。「花一揆」についても尊氏が美少年を好んだとする史料や伝承が見えない限り、深読みを避け、白虎隊と同様、軍事的理由から創設されたと考えるのが順当であろう。

尊氏は不意の襲撃に備え、親衛隊を常備する必要があり、花の都で征夷大将軍を警護する組織として、相応の美装を重視したのは当然であった。そうした背景を顧慮せず、少年兵の代表として容貌に秀でた少年が抜擢されたとする『太平記』の記録を、強いて男色と結びつける必要はないと思う。

なお、白虎隊は容姿端麗な少年が集められたわけではないが、現代人がドラマや漫画によって視覚化する時、基本的には美少年のイメージで再現される。これは作り手が少年愛者だからではない。少年の組織や集団が美しくあって欲しいとの願望・感覚は誰にでもあるのであって、そうした夢想の所産が尊氏の「花一揆」であり、のちの小姓制度だった。

時代をくだると、尊氏より六代目の将軍・足利義教《よしのり》の関わった永享《えいきょう》九年（一四三七）の行事にも、「室町殿御憧僕《おんどうぼく》」行列が参列した記録が見える（『永享九年十月二十一日行幸《みゆきき》記』）。僮僕とは、「下人《げにん》・従者」のことだが、「僮」の文字が示すように、少年が務める御役だったと考えられる。これは天皇の御幸《みゆき》を出迎える行列であったから、当然、儀礼用として、見るものを驚嘆させる美々しい装いがなされたであろう。

このように足利将軍には盛装した少年兵で身辺を飾る美意識が初代からあり、所作《しょさ》振る舞いをしつけられた少年を重用する点において、僧侶の稚児趣味と親和性があった。

武家には小姓制度を誕生させる土壌として古今東西に共通する武人の美意識があり、そこに僧侶の稚児趣味がにじみ込んでいったように思われる。

武家社会に入り込む稚児文化

戦国時代、男色の風俗が僧侶から武士へと輸出されたことは宣教師の証言に明らかだが、いつからということになれば、義満の息子である義持《よしもち》（一三八六〜一四二八）の時代が注目される。日本を訪れた朝鮮人は、将軍の義持が僧侶の稚児文化を模倣する様子を生々しく描いている（『老松堂日本行録《ろうしょうどうにほんこうろく》』）。

僧徒《そうと》は、寺で学習する二十歳以下の男子に眉毛を剃らせ、墨で眉毛を書き、顔に朱粉をつけ、色模様を着させ、女形とし、従わせている。王（将軍）もまた宮中にこれを選び入れ、多くの妻妾《さいしょう》がいるにもかかわらず、少年男子をもっとも愛した。国人（守護）も皆これに倣《なら》っていた。

国内の史料では、江戸時代の『雍州府志《ようしゅうふし》』（一六八四）で次のように記されている。

室町将軍家は禅の宗旨につよく帰依し、時々五山の寺院を訪れた。時には僧徒・喝食から容貌の美なるを撰ぶと、白粉を使い、頰を朱《あか》く染めさせ、斑紋《はんもん》の衣服を与えた。

これこそ義満が開拓した異文化交流の成果であると言っていい。はじめ、武家は武士よりも僧侶の少年、つまり稚児や喝食を愛玩したのであった。

室町時代当時の史料に目を転じると、真言宗系の寺院に記された『世鏡抄《せきょうしょう》』というものがある。これによると武士が寺に入るのは七歳から八歳ぐらいで、十三歳に下山したという。六～七年にわたる少年期を寺で過ごすのだから、送り出した両親が望まないことまで学んでしまう少年もいたであろう。傍証として奈良興福寺大乗院《だいじょういん》の門跡《もんぜき》、大乗院尋尊《じんそん》（一四三〇～一五〇八）による日記『大乗院寺社雑事記』にも注目したい。

寛正《かんしょう》二年（一四六一）、尋尊は散所者《さんじょしゃ》出身の愛満丸《あいまんまる》なる少年を小物として買い取り、男色の関係を結んだ。しかし愛満丸が二十八歳で自殺してしまったため、武士の子である愛千代丸《あいちよまる》を次の稚児とした。尋尊と愛千代丸が男色の関係に至ったかどうかは明らかでないが、尋尊の寵が愛千代丸に移ったため、愛満丸が自殺した可能性もあり得ると推測される。

足利義満以来の武士たちは禅宗に傾倒しており、寺院を通して男色――というより少年愛――に接する機会は多かった。僧侶は美しい少年が自分にすべてを捧げる一途さを夢見た。のちの武家男色において類似の嗜好が見られるとすれば、僧侶の少年愛が模倣された結果なのではなかろうか。

男色経験の僧が武家の当主に？

ここで大名が少年期に男色を覚えていた可能性も見ていこう。

土佐《とさ》守護代である細川持益《もちます》の三男は、僧侶とされるべく五山に送られ、月関周透《げつかんしゅうとう》の号を称した。周透は八代将軍の足利義政《よしまさ》（一四三六～九〇）の「御前給仕」を務めたこともあり、将軍の喝食を務めるに恥じない美少年だった。

喝食とは、禅林（禅宗の寺院）における食事の世話係で、もとは年齢に関わりなく得度《とくど》前の修行者が担う役であった。これが室町中期には美童で占められるようになっていた。その理由は言うまでもなく、寺院の趣味である。義政が禅林の寺に赴いた時、将軍の歓心を買うために、容姿秀麗な周透が対応に当てられたわけである。

五山禅林を代表する文筆家で、義政の側近でもあった横川景三《おうせんけいさん》（一四二九〜九三）は、当時十六歳だった周透の美しさに驚き、次のように讃えた（『小補艶詞』）。

紅玉《こうぎょく》、春の如し、自《おの》ずから靄然《あいぜん》たり、花顔柳髪《かがんりゅうはつ》、破瓜《はか》の年。

これ以上ない絶賛である。さらに景三は「あなたが僧侶となるため緑髪を落とされることは、梅花が風雨で散るように惜しまれる」という内容の艶詞《えんし》まで送りつけた（『補庵京華後集《ほあんけいかごしゅう》』）。熱烈なラブコールに心動かされたのであろう。周透は身体を許すに至ったらしい（芳澤勝弘「横川景三の『小補艶詞』と月関周透」）。

周透は還俗することなく僧として生涯を終えたが、もしものことがあれば武士の身となる可能性もあった。例えば長兄と次兄が不慮の死を迎えてしまったら、還俗を余儀なくされたはずで、そうなれば男色経験者の大名が誕生したはずである。室町・戦国時代には富樫泰高《とがしやすたか》や上杉朝昌《ともまさ》、今川義元のように、はじめ僧侶になる予定で寺に入っていた者が、思わぬ運命で武将となる例もあった。

言うまでもなく修行中の少年がすべて男色の洗礼を受けていたわけではない。むしろ実際に経験した例など多くはなかったかもしれない。だが男色経験者の周透が武家に戻って大名になる可能性があったことは注目されよう。

公家化する武士

僧侶の稚児文化が武家社会に入り込みやすい環境にあったことを述べてきたが、公家文化が与えた影響についても見ていこう。室町武士もある時期になると、武士は公家化の傾向を強めていった。当時書かれた武家の礼儀作法書には、次の一節が見える(『宗五大草紙』)。

若者は、弓馬・鞠《まり》、または歌道の事、兵法・包丁(料理)、または当世流行《はや》りの大つづみ・小つづみ・太鼓・笛・尺八・音曲などを少しでも稽古《けいこ》しておくべきである。

同書が書かれたのは享禄《きょうろく》元年(一五二八)、室町時代の後期(戦国初期)である。当時の武士は武芸ばかりでなく歌を詠み、蹴鞠《けまり》を遊び、音曲に親しむことが嗜《たしな》みとされた。優雅さと多芸が求められるなど、鎌倉時代や江戸時代の武家社会には見られないことで、それまで血なまぐさい暴力に偏っていた武者たちが、公家風の文化へと急接近しはじめたのである。もちろんそこで男色だけが除外される理由などなかった。

プロローグでも触れたように、公家社会では私的な人間関係が、公的な人事を左右するようなだらしなさが横行し、男色が出世や交流の可能性を拡げることもあった。僧侶と稚児を模倣した当主と小姓の関係に、こうした頽廃的なだらしなさが加わっていくのである。

なおこの問題は僧侶の世界にも存在した。

嘉吉《かきつ》三年（一四四三）十二月には、東寺《とうじ》の風紀会議を記録する「二十一口方評定《ひょうじょう》引付《ひきつけ》」（東寺百合文書）に、僧長院義宝《ぎほう》が愛若丸《あいわかまる》を公家である葉室氏《はむろし》の猶子《ゆうし》にさせたことが話題に上り、「近年侍童を出世させることが多い。向後停止《きょうごちょうじ》あるべき旨、連署をもって定め置かれるべき」との決がくだったことが見える。

義宝は葉室氏に、寵愛する愛若丸のパトロンになってもらったようだ。当時こういう例が頻繁であったため、東寺の重臣会議で「今後はもう男色による引き立ては行わせない」と定められたのである。僧侶の世界ですら男色による出世は感心されなかった。

源頼朝や足利尊氏が公家を圧倒して幕府を創設できたのは、信賞必罰《しんしょうひつばつ》を重視してきたからだった。それが、依怙贔屓《えこひいき》――親疎の論理――にとって代われば、幕府の求心力低下は必然となる。院政期の貴族のようであってはならなかった。であるにもかかわらず、これより先、足利将軍家の周辺には男色絡みの事例（逸話）が多く登場してくる。そこにはもちろん名君と名臣の麗しき関係――と称える態度は見受けられない。特に軍記類は、むしろ意図的に、幕府衰退の一因として見苦しい印象を与えようとしている。武家政権の中枢に入り込んだ男色趣味は、世に疑心暗鬼を振りまく災いの種に位置づけられたのであり、諸手を挙げて歓迎されたのではなかった。

【文庫版加筆】藤原頼長の『台記』

藤原頼長の『台記』は、何かと話題にのぼりやすい。そこに描かれた一事件に焦点を当てて、貴族社会の政治と性愛から生まれた悲劇を活写してみよう。

ここには男性同士の性的な関係が、抱く側と抱かれる側の共犯的な思惑があって成立した様子を窺える。

登場する貴族は藤原頼長。同じく坂東武者は、源為義とその息子である義朝・義賢の兄弟である。

ここでは義賢の外見と心理についても追ってみよう。

エリートとして京都に立つ坂東武者

十二世紀前半、エリート坂東武者である若き源義賢《よしかた》（?～一一五五）は、エリート武人として一族の者たちから栄華栄達を嘱望されていた。

それまで兄の義朝《よしとも》（一一二三～六〇）が在京していたが、父為義《ためよし》の意向によりこれからという時に坂東へ送り返されることになったからだ。十七歳前のことで無位無官のまま帰国を余儀なくされた。

いっぽう義賢は、東宮（皇太子）の親衛隊長を務め、「帯刀先生《たてわきせんじょう》」の栄職に就いた。義賢の年齢は不明だが、中学生以下とは思えない。十六歳ぐらいであるだろう。兄が田舎の武者として土くさく生きなければならなくなったのに対し、弟は帝都を颯爽と立ち回り、周囲の目を惹いていた。

兄義朝が坂東へ移された理由は、母親の身の上にあった。

義朝と義賢は、異母兄弟だった。

ふたりとも京都の公家を出自とする女性を母親に持ち、その縁と財によって貴公子らしく育っていたが、母親が別の女性だったのである。

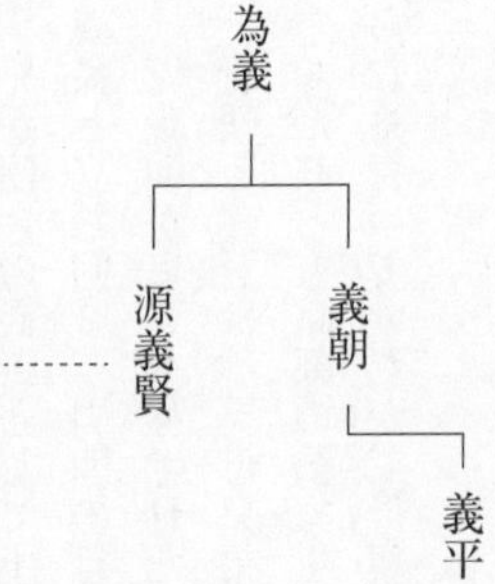

義賢にかけられた期待

義朝の母親は、白河院の側近・藤原忠清《ただきよ》の娘であるが、義賢の母親は素性が明確ではない。おそらく義朝の血筋の方が高貴であっただろう。

ところが白河院《しらかわいん》が崩御され、院に冷遇されていた藤原忠実《ただざね》が政界に復帰することになった。すると忠実は愛娘を鳥羽院《とばいん》の妃に進ませ、大変な権勢を得ていった。ここに忠実と対立関係にあった元白河院派は、逼塞を余儀なくされていく。

幸か不幸か、義朝と義賢の実父・為義も、晩年の白河院から冷遇されていた。そこで為義は忠実に忠勤することにする。

重ねて為義はもうひとつの決断をくだす。忠清の娘とその長男である義朝が京都にいるのでは、忠実からの覚えが悪くなる。ゆえに義朝を坂東へ送り、代わりに義賢を京都に入らせたのだ。

ここに義賢は思わぬ形で出世の糸口を掴んだ。

後述する理由から、義賢という若者は京都映えする顔つきだったと想像する。本人も自覚があっただろう。

上司・藤原頼長の温もり

ところが義賢の運命はここから転び始める。

保延五年（一一三九）、親しい仲間に殺人の容疑がかけられたので、これを匿ったところ、東宮の警備隊長の任を解かれてしまったのである。

せっかく実力を買われて順調にやってきたが、驕りが生じていたと思われる。父の為義もしばしば暴走する悪癖があった。この気質が義賢にも受け継がれていたようだ。

絶望の淵に立たされた義賢だったが、拾う神ありというべきか、さる貴人から手を差し伸べられた。

内大臣・藤原頼長《よりなが》に保護されたのである。官職を失っても再起するための居場所を取り計らったのは、為義だろうか。ひょっとすると、義賢自身が自分を売り込んだのかもしれない。

頼長は東宮の教育官も兼任していた。だから義賢の顔や声もよく覚えていたようだ。

それでも一度落ちた運を急には取り戻せない。不幸は連続して義賢に襲いかかってくる。

康治二年（一一四三）、主人の頼長が朝廷の権力闘争に入り込み、危機的状況に追い詰められてしまったのだ。

義賢を避難させるためであろうか、同年十一月、頼長は義賢に能登庄を預けて、荘官として赴任させることにした。

荘園の管理を託された義賢を、能登海峡の冬景色が待ち受ける。

荘園で年貢を集められず

だが、義賢は年貢をまともに集められず難儀した。

自信満々で現地に赴いたことであろうが、どうやら行政や経理には疎かったようだ。現地の事務方が非協力的だったのかもしれないが、結果として現地赴任から三年後の久安三年（一一四七）、「年貢未進が目に余る」ということで、頼長のもとに送還されてしまったのである。

前回は父・為義の期待を裏切り、帯刀先生の任を解かれた。今度は頼長の期待に添えず、荘官の任を解かれたのだから、さすがに本人も焦燥感でいっぱいになっただろう。

だが、頼長は失意に気を落とす義賢を温かく迎え入れた。優しく抱擁すらしたかもしれない。

「抱かせろ」と迫った上司

その間、頼長は中央の政争を勝ち抜いて、公家の筆頭格にまで昇りつめていた。絶頂にある頼長は小さなことなど気にしない大きな人物として、義賢に笑顔を見せたことだろう。そして義賢もまた、この男を利用して、再起を図ってやると、内心で顎を上げていたのではなかろうか。

さてその頼長だが、『台記』と呼ばれる日記をつけており、ここで一つの小さな事件を書き残している。

久安四年（一一四八）正月五日付の『台記』に、「今夜義賢、臥の内に入り、礼なきに及び景ありを味わう。〈不快後、初めてこの事あり〉」とあるのだ。

ここで二十九歳の頼長は、「今夜、（木曾義仲の父である源）義賢を臥の内に入れた。遠慮なく、快楽を味わった。不快後（解任後）、初めての行いであった」と告白している。「年貢未進で送還してからは、初めて」という書き方がされているから、過去にも二人は肌を重ねていたことになる。

頼長は若い男性が好きで、その日記に多くの人々と肉体関係を結んだことを書き記している。中には紹介するのが憚られるような過激な文章も見える。そこで関係を持った公家の中には、頼長から紹介された人々と交流して、上昇気流に入った者もいた。なんのことはない。頼長はその権力を笠に着て、男たちに「抱かせろ」と迫っていたのだ。

そして義賢は、こんな頼長の性質を読み抜いて、接近したわけである。年貢を集めるのに失敗したぐらいで身の置き所がなくなると焦ったりする必要もなかった。

ここで忘れるべきでないのは、頼長という男が相手を自由に選べる立場にあったことだ。上司である頼長にすれば、義賢は失態だらけで使い道の見当たらない若武者のはずである。それが何度も肉体関係に及んでいるのだから、尋常ではない。義賢はかなりの美貌を誇っていたと考えていいのではないか。

義賢の悲しい最期

源義賢は今でいう枕営業をやったわけだが、鎌倉幕府以前の武者たちはやがて武家政権なるものが築かれることをしらない。汚れ仕事を進んで請け負い、貴族の歓心を買って、旨味を得ることこそがその本能にあった。人の首を取ってなんぼなのだから、自分の身を捧げるぐらいはなんともなかっただろう。

ただ、頼長はこういう人物であったので、敵も多かった。やがて自分に従属する者たちを使って、政敵たちへの強引な示威行為を繰り返すようになる。義賢もその一員として、各地を駆け巡っていたかもしれない。

そんな中、坂東で兄・義朝が勢力を伸ばしているという話が入ってきた。これを憂慮した父の為義は義賢を連れて坂東にくだり、義朝を抑止するべく動き始めた。

下野守となっていた義朝は、父の意向などお構いなく、坂東北部で独自の勢力圏を構築して、大きな存在になっていた。

対する反義朝陣営は為義と談合し、義賢を現地の秩父《ちちぶ》重隆《しげたか》の娘婿に迎え入れ、「養君」として推戴する。京都で散々な目に遭ってきた義賢は坂東で返り咲くチャンスを得たのだ。

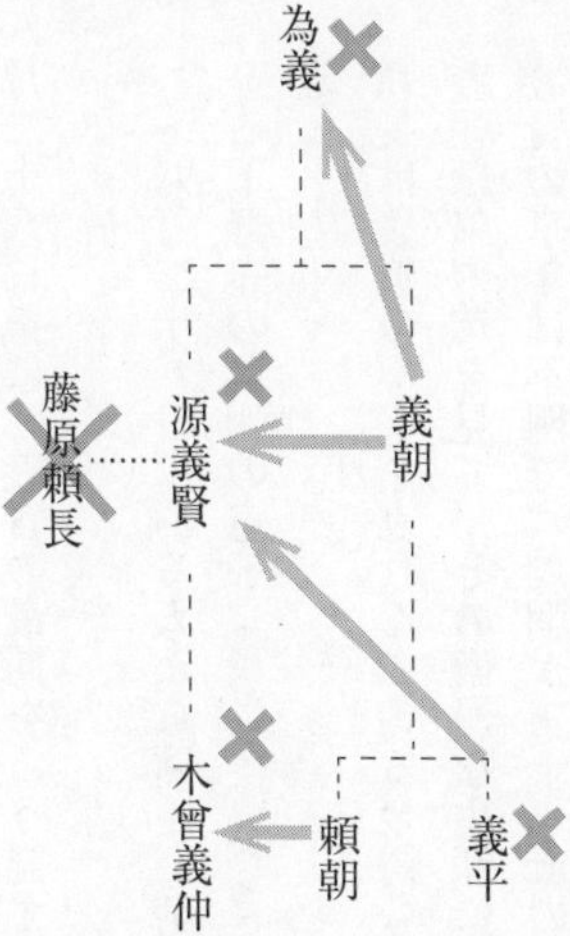

ここに義朝と義賢が衝突する。

しかし兄は強かった。義賢は、武蔵大蔵館で義朝から差し向けられた源義平（源頼朝の異母兄）の襲撃を受けて、無惨にも敗死させられた。

頼長は『台記』久寿二年（一一五五）

八月二十八日条に、義賢の最期をこう記す。

八月二十八日。ある人から聞いた話である。その人は武蔵国で源義賢が兄である下野守の義朝の息子（義平）に殺されたのを見たそうだ。

頼長は義賢の不幸を哀れんでいる余裕もなく、翌年八月、政争に敗れて死亡した。義朝は弟の首を見て、その傲慢な生涯にどういう気持ちを抱いただろうか。義賢の享年は不明で、義朝が三十三歳の時に亡くなっており、そこから類推するしかない。これに近い年頃だったと思われる。義賢の首を獲った義平は十七歳の若武者だった。

なお、義賢の遺児のひとりは生き残った。のちに義朝の息子・頼朝に打倒される「木曾義仲」である。義仲は軍記『源平盛衰記』に「冠者《かじゃ》義仲ハ貌形《かおかたち》ハ清気《きよけ》ニテ美男ナリ」と伝わるが、案外父譲りの美貌を誇ったのかもしれない。

さて次章からは、こうした公家的な公私混同の様相を強めた武家の男色が、どういう弊害と批判をもたらしたのかを具体的に見ていく。そしてそこから初期の武家男色がいかなるものであったのか、実相を見極めていきたい。

第二章　足利将軍と男色——稚児から小姓へ

足利義持と赤松持貞

四代将軍足利義持《よしもち》（一三八六〜一四二八）は、三代義満《よしみつ》の嫡男である。義持は父のように公家政治に出しゃばることがなかった。先代の方法をそのままには踏襲しなかったのである。しかし武家社会に浸透した公家文化を排除することはなかった。

その義持が男色《なんしょく》を好んだことは、応永《おうえい》二十七年（一四二〇）、義持三十五歳の時に、謁見した朝鮮人が書いた記録（宋希璟『老松堂日本行録《ろうしょうどうにほんこうろく》』）によって明らかとなっている。義持は妻妾《さいしょう》を差し置いてまで少年たちを寵愛《ちょうあい》した。

こうした事実があったからだろう。一休和尚《いっきゅうおしょう》の逸話に、将軍義持の寵愛を受けていた美少年を義持の面前で誘惑し、将軍からの無理難題を退《しりぞ》けたというものがある。一休示寂《じじゃく》後すぐに書かれた『一休和尚年譜』に紹介される逸話だが、簡単に紹介しよう。

応永十八年（一四一一）、足利義持は禅宗に興味を持ち、宗門の改革に乗り出していた。ある時、一休の師匠である清叟《せいそう》が自分の肖像画に（不相応にも）金襴《きんらん》の袈裟《けさ》を着た姿で書かせたという噂が流れた。（聞き捨てならぬと思った）義持は、突然寺に現れて「噂の画像を見せて欲しい」と言ってきた。これを聞いた僧徒《そうと》は足を震わせた。

そこにいた一休（当時十八歳）は、肖像の掛け軸を持って出迎えた。義持は「年少の美少年」である「赤松越州（持貞《もちさだ》）」を伴っていた。階段の下に来ると、一休は上から手渡そうとした。すると（これを無礼と思った）赤松が声をかけ、義持の代わりに掛け軸を受け取ろうとした。一休は「その手を握り眄色《べんしょく》（流し目）」を使った。

（予のかわいがっている赤松が誘惑されてはならぬ――と浮き足立った）義持は肖像を一覧すると、さっさと帰ってしまった。人々は「彼のような禅僧でなければ、こんな真似はできなかっただろう。一休は英気豪邁である」と評判した。

この記述は以下の三点が史実と符合する。一点目は、寺院勢力に対し、足利義持が武装停止や禁酒令を発布するなど、何かと抑圧的な態度をとっていたことである。二点目は、近習の赤松持貞が将軍による祈禱関係の取次役を務めていたことである。三点目は、一休が男色を好んだことで、これは本人が『狂雲集』に吐露している。

一休の『年譜』の記事は、こうした多くの歴史的事実を無理なく反映させた逸話として評価できる。だが明らかな間違いもある。冒頭に登場する清叟は、義持や弟子とされる一休が生まれるよりずっと前に示寂しており、彼が書かせた肖像を義持が不審に思って実見に出向くことはあり得ない。よくできた作り話ではあるが、史実と見なすには前提からして難しい。

ただし義持の持貞寵愛は『嘉吉記《かきつき》』（作者・成立ともに不明）にも記されている。

（赤松）弥五郎持貞という者あり。（義持からの）男色の寵によって、備前《びぜん》・播《は》磨《り》・美作《みまさか》三ヶ国を賜りけり。

持貞が義持から男色の寵により、領地を賜ったとされている。ここで思い出してほしいのはプロローグにて武家男色の発展を三段階に分けたことである（21頁参照）。そこでは第一段階の「吸収期」を義持の次の将軍である義量《よしかず》（一四〇七〜二五）の頃までの区切りとした。この間に武家同士での男色は主流になかったと述べた。

しかしもし『嘉吉記』の言うことが本当なら、この区分けは妥当でないことになってしまう。『嘉吉記』の実否について、当時の史料から確認してみよう。

まず義持が持貞に中国地方の三ヶ国を預けようとしたのは事実である。

応永三十四年（一四二七）、播磨守護の赤松義則《よしのり》が死去すると、義持は播磨を小姓《こしょう》の持貞に「御料国」として預けようとしたことが当時の僧侶の日記に書かれている（『満済准后日記《まんさいじゅごうにっき》』）。だが、亡くなった義則には惣領権《そうりよう》を持つ長男の満祐《みつすけ》がいて、本来なら播磨は彼に授けられるべきであった。しかもこの地は赤松氏にとって本貫地《ほんがんち》であり、これを庶流の持貞に預けるなど、まずもって考えられないことであった。当然ながら満祐は激怒した。京都の自邸を焼き捨てると、そのまま播磨に下向し、将軍に不満の意を表した。

概観すれば、「ああ、お気に入りの近習を贔屓《ひいき》しようとしてこんなことになったのだろうな」と、義持に暗君の姿を認めるとともに、満祐に同情してしまう展開である。しかし義持への低評価を固める前に、先の日記が持貞に「御料国」を預けようとしたと書いてあることに注目しなければならない。御料国とは幕府の直轄領を意味する。つまり持貞は国をもらえそうになったのではなく、預けられそうになったのである。「おい、この札束をやろう」と言われるのと、「おい、この札束を保管してくれ」と言われるのではわけが違う。国を奪われる満祐はもちろんのこと、持貞にとってもありがたい話ではなかっただろう。将軍は、持貞を喜ばせたかったのではなく、直轄領を増やしたいという政治的野心があって持貞派遣を企てたのである。

その後の経過を見ても将軍の持貞に対する思い入れを見ることは、やはりできない。

幕府と満祐の確執《かくしつ》は緊張を強め、将軍は討伐計画を立てた。しかし諸大名の足並みが揃わず、軍勢を動員できなかったため、対立は膠着化の様相を呈した。進退窮まった将軍はここで思わぬ解決策を実行する。なんと、持貞を「越後守行儀《えちごのかみぎょうぎ》」の罪状により、自害させてしまったのである。これで「御料国」の件は立ち消えになった。次いで将軍は満祐を赦免することで態度を軟化させ、混乱を収拾させた。持貞は捨て駒とされたのである。

こうした薄情な結末から見ても、事件の発端に『嘉吉記』の記す「男色の寵」があったとは思われない。一連の事件は男色が介在せずとも充分起こり得たものである。『嘉吉記』は赤松家惣領寄りの軍記であるから、満祐に同情を集めるため、「男色の寵」を創作した疑いを考えなくてはならないだろう。もちろんこうした発想は、武家同士の男色が一般化していなくては生まれ得ず、設定が通用する現実が当時にあった可能性はある。

なお、次に紹介する義持の弟、義教《よしのり》の逸話にも『嘉吉記』の作為が見え隠れする。

足利義教と嘉吉の変――【吸収期から途上期へ】

六代将軍足利義教（一三九四～一四四一）は義持の弟で、義満の三男である。専制的な義教は当時、「万人恐怖」の将軍として恐れられた（『看聞御記《かんもんぎょき》』）。
そんな彼もまた義持同様、『嘉吉記』で寵臣《ちょうしん》を贔屓しようとしたことにされている。

　赤松伊《い》豆守貞村《ずのかみさだむら》、男色の寵比類なし。いかにもして、これを取立てんと思し召し――。

伊豆守貞村とは、先に登場した持貞の甥《おい》である。事実であれば足利家と赤松家は、二代続けて関係を持ったことになる。ただし、先にも述べたように先代義持が男色を好んだのは確かであっても、持貞との関係については軍記作者の創作が疑われる。では義教と貞村についてはどうだったであろうか。背景を見ていこう。

嘉吉元年（一四四一）、突然の凶事が発生した。足利義教が赤松満祐によって暗殺されたのである（嘉吉の変）。犯行動機は貞村が播磨の守護職を「競望」し、同意した義教が「結構之企《くわだて》」を行おうとしたため、満祐が「不慮悪道」を決行したのだと噂された（『建内記』嘉吉元年九月二十四日条）。当時の公家は義教の死は「犬死の如《ごと》し」と評した。

満祐が義教を殺害する動機は、噂以外にもあった。前年の永享《えいきょう》十二年（一四四〇）、義教は満祐の弟である義雅の所領を、満祐と貞村および細川持賢《もちかた》に分与している。これは本来なら赤松氏の惣領で、義雅の兄である満祐一人に与えられてしかるべきものであった。男色の有無とは無関係に、満祐が殺意を抱いてもおかしくない背景が存在したのである。

なお、貞村が男色の寵にあったとする記録は『嘉吉記』以外に見えず、貞村の娘が義教の側室だった事実（『看聞御記』）から見るに、捏造《ねつぞう》が疑われる。父娘ともども閨《ねや》で寵愛されていたら、倫理の問題で特筆されようが、そうした形跡がどこにもないからである。

以上から、『嘉吉記』が二代続けて男色を持ち出したのは、赤松家の惣領を擁護したいという同書筆者の思惑が背景にあり、その正当性を保持するため、印象操作を試みたと見るべきだろう。なお、義教が男色を好んだかどうかについては、僧侶満済《まんさい》の日記に記録がある（『満済准后日記』永享二年六月二十一日条）。

赤松故越後守持貞の息・小童（家貞）が今夜より参り候。室町殿（足利義教）内々の時宜（意向）なり。理性院坊に同宿。

永享二年（一四三〇）、赤松持貞の幼い遺児（家貞）が義教の意向で夜に招かれ、同宿している。義持と持貞、および義教と貞村の関係を記した『嘉吉記』は、これに着想を得たものではなかろうか。見渡す限りでは、これが将軍が武士と関係を持った初見である。

筆者はこの記録をもって、異文化から男色を取り入れた「吸収期」が終焉し、第二段階の「途上期」の幕が開かれていくものと見たい。義満が世阿弥《ぜあみ》を寵愛してから半世紀を経て、ようやく武士は稚児《ちご》・喝食《かつしき》ばかりでなく、小姓との男色を知りはじめていくのである。

足利義政と山名豊重――【九十九髪茄子の由緒から】

とは言え、まだ武家男色は完全に同階層間だけで自己完結を見たわけではない。義教の息子である八代将軍足利義政《よしまさ》（一四三六～一四九〇）は禅林《ぜんりん》の喝食を愛した（『後法興院記』明応十年二月十一日条）。

喝食当時大樹《たいじゅ》（義政）寵愛云々。

当時、将軍が禅林の寺院に「御成《おなり》」するのは定例で、寺院の側では容姿に優れた美童を喝食にあてがって饗応させた。禅宗が室町期に隆盛を極めた背景には、この男色接待があるとも言われている（岩田準一『本朝男色考』）。術中にはまったものか、義政は喝食に夢中であった。だが義政が愛したのは喝食だけだったのだろうか。ある軍記には、山名礼部《れいぶ》なる中国地方の大名を寵愛していたと記録が見える。

元禄《げんろく》十一年（一六九八）成立の『織田軍記』（『総見記』）には、京都相国寺《しょうこくじ》惟高《いこう》和尚による茶器の由来書が筆写されていて、そこに義政の男色が書かれているのだ（記文のタイトルは「松永茄子《まつながなす》茶入記文」）。

> 近来《ちかごろ》、慈照相公《じしょうしょうこう》（足利義政）これをもって恭くも（松永茄子を）山名礼部に賜う。
> その男色をもって寵幸ゆえなり。

「松永茄子」と呼ばれる茶器が、義政のお相手を務める山名礼部に与えられたと書かれてある。「松永茄子」の別名「九十九《つくも》髪茄子」と言い換えれば、多くの人は「ああ、あの松永久秀《ひさひで》が愛用した」と思い当たろう。「天下三茄子」に数えられる名物である。

近年の研究では、山名礼部が山名政豊《まさとよ》に比定されるが、再考が必要である。礼部というのは治部《じぶ》の唐名であるものの、政豊は治部を称していない。同族で山名治部にあたる人物を探索すると、晩年の義政に随伴することしばしばであったという山名治部《じぶ》少輔豊重《しょうゆうとよしげ》が見える。のちに因幡《いなば》守護へと取り立てられる人物である。

因幡守護に任じられるほどの寵臣であれば、松永茄子（九十九髪茄子）が授けられても不思議でないが、容易には決めつけられない。記文を載せる『織田軍記』は、義政没後、二百年以上もあとに書かれた軍記で、創作や脚色に満ちている。しかも記文の原本は戦国時代に焼失したとされ、真偽を確認できない。記文の実在を裏付ける史料も検出できない。

もっとも、九十九髪茄子が山名氏の所蔵だったとする伝承は、戦国期に見ることができる。永禄《えいろく》十一年（一五六八）、実物を見た津田宗及《そうきゅう》が、「山名殿の具足のそでにあたってついた疵《きず》があると聞いたが、とてもそのようには見えない」と述べていて、山名氏の手に渡ったという噂を古く認められるのである（『津田宗及茶湯日記』）。義教と義政が収集した芸術品のコレクションは「御物《ごもつ》」と呼ばれ、特に唐物は珍重された。九十九髪茄子も御物中の一品だったのだろう。

しかし応仁《おうにん》元年（一四六七）の乱により、幕府は深刻な財政難に見舞われる。このため義政はこれら貴重な名物を支払いに使い、オークションにかけるなどして多くを手放してしまった。山名豊重が史料上に登場するのはこれよりあとのことだが、金策に苦労していた将軍が秘蔵の名器を、単なる「寵幸」で小姓に下されたとは思いにくい。何らかの形で流出してしまった名器を買い入れたのが「山名殿」であったと考えるのが妥当ではなかろうか。

その後、九十九髪茄子は様々な人の手に渡り、戦国期には松永久秀（一五一〇～七七）の手に渡った。もし本当に義政から下賜《かし》されたものであれば、山名氏でも重々しく由緒を伝え、そうたやすく手放したりなどしなかったはずである。『織田軍記』が書かれた元禄時代は、茶の湯が町人に親しまれる転換期で、古道具の由来に人々の関心が集まっていた。記文の成立はこうした時代背景と関係があるのかもしれない。こうした様々な思惑の絡まった江戸時代の軍記だけで、将軍と家臣の寵愛を史実と見るには難がある。

喝食から出世した上杉朝昌

ところで義政の時代にはもう一人目を引く人物がいる。関東の武将上杉朝昌《ともまさ》である。朝昌は扇谷《おうぎがやつ》上杉氏当主持朝《もちとも》の子息であったが、少年時代は喝食として将軍義政の謁見に与かっている。のちに還俗して関東で城主となり、北条早雲（伊勢宗端）と戦ったようである。
こういう経歴を見ると、「喝食好きの将軍に取り立てられた」との疑惑を持ってしまいそうになる。筆者もその可能性を疑った。もしそうだとしたら、彼こそは記念すべき「将軍からの寵により、喝食から出世した城主」の嚆矢《こうし》となり得るからである。詳しく見てみたい。

まずは彼が本当に喝食として京都にいたかどうかからである。

朝昌の前半生は長らく不詳とされてきたが、黒田基樹氏が『扇谷上杉氏と太田道灌』においてある指摘を加えた。長禄《ちょうろく》二年（一四五八）正月、義政に拝謁した「喝食本東《ほんとう》」の名が、朝昌の法名「玄東日永《げんとうにちえい》」と通じることから、本東が朝昌である可能性があるとされたのである。この記事が書かれた『蔭涼軒日録《おんりょうけんにちろく》』は、「本東喝食上杉修理大夫（持朝）殿之息也」と紹介しているから、蓋然性を認めることができる。

では喝食時代の朝昌が喝食好きの将軍に謁見し、のちに関東で城主になったとして、行間に男色の関係を認めることは可能だろうか。

黒田氏は本東を、京都鹿苑院《ろくおんいん》の寮舎《りょうしゃ》蔭涼軒に居住していたと推測するが、『蔭涼軒日録』の筆者は「（同朋衆の）春阿《しゅんあ》によると、（本東は）関東での忠節が有るをもって（将軍の）御目に懸け奉られたそうである」と、本東の将軍への謁見を伝聞の形式で書いている。同じ蔭涼軒にいた同士ならこのようには書かれなかったであろう。本東が朝昌であったとしても、京都ではなく東国の「随応院」（『上杉系図』）に定住していたのであり、関東で幕府のために戦った父持朝の名代《みようだい》として招かれたと解釈するのが妥当に思われる。

このように京都でなく東国が本拠地であったなら、喝食本東は将軍に接する機会などほとんどなかったはずで、男色が絡んでいた可能性は相当低くなってくる。

もちろんごくわずかの巡り合わせで関係を持つこともあり得るが、二人は一対一で対面したわけではない。「御所」における宴会は、等持院等蓮《とうじいんとうれん》・鹿苑院周鳳《しゅうほう》らと一緒で、しかも「御前給仕」には「周與《しゅうよ》喝食・興漸《こうぜん》喝食」が、「相伴《しょうばん》給仕」には「本東《ほんとう》喝食・徳釜《とくふ》喝食・等康《とうこう》喝食・寿能《じゅのう》喝食・妙般《みようはん》喝食・周澄《しゅうちょう》喝食」が在席していた。「御前」と「相伴」が明確に分かれていて、本東は「相伴」の側に過ぎなかった。

御前ならともかく、相伴では同室で共に会食できた程度であろうから、将軍個人と親しく食事したということはない。本東は大勢の中の一人でしかなかっただろう。同日記はその後、何日も続けて将軍と喝食の動向を記しているが、もうそこに本東の姿はない。男色の寵を受けた可能性はないだろう。

喝食のすべてが男色接待を行ったのではなかったし、むしろ給仕こそが彼ら本来の業務であった。水商売がすべて性的なサービスを伴うわけではない。少年好きがすべての少年に肉体関係を求めるわけでもない。「喝食の出身」「喝食時代に少年好きの将軍との謁見」「還俗して城主に出世」等の経歴を合わせると、余計な想像をしてしまいがちだが、足利義政と上杉朝昌のケースはそうした思いつきがどれだけ危険かを思い知らせてくれよう。

もしほかに似たような経歴の人物を史料の中に見つけたとしても、慎重に見なくてはならないということを、朝昌の例に学べる。

猿楽師を武士に取り立てる足利義尚

男色の判断を行うのに安易な結びつけを行ってはならないが、どうにも否定できない例もある。九代将軍義尚《よしひさ》（一四六五〜八九）が、猿楽師《さるがくし》の子を武士に取り立てたことが当時の公家の日記に書かれている（『大乗院寺社雑事記』）。

文明《ぶんめい》十五年（一四八三）、将軍は観世《かんぜ》猿楽出身の少年を「御目」にかけていた。少年は彦次郎といい、義尚の「嬖人《へいじん》」（愛人）だったという（『実隆公記』）。直接的な表現で、さすがに否定のしようがない。公然の事実だったと見ていいだろう。しかも義尚の寵愛は度を越していた。なんと、彦次郎に武家の名族である廣澤氏《ひろさわし》を称させ、武士にしてしまったのである。しかも「尚」の字を授け、廣澤尚正《ひさまさ》と名乗らせた。将軍の実名から一文字を下されるには相応の家格を持ち合わせているか、大きな功績を伴っていなくてはならず、お気に入りというだけで偏諱《へんき》を賜うなど前例のない暴挙であった。これには「天下沙汰、大名共嘲哢《ちょうろう》」したという（『大乗院寺社雑事記』）。諸大名も呆れるほかなかったのである。

義尚が愛した少年は彦次郎だけではなかった。長享《ちょうきょう》元年（一四八七）には六郎が、翌年には横越《よこごし》又三郎が、「御最愛」されたことが記されている。

彦次郎は将軍の「嬖人」だった。もちろん、そこまでの間柄――単なる恋愛や性愛の関係――に留まっていれば誰も問題にしなかっただろう。だがこれを一門・重臣の地位にまで引き上げるとなると話は違う。功もない愛人を出世させるなど、信賞必罰《しんしょうひつばつ》の道理から外れていた。こともあろうに義尚はこれをやってしまったのだ。

後世の編纂物には、例えば『嘉吉記』がそうであったように、足利将軍が男色で政治を誤るパターンが見られる。これらは、義尚による「前代未聞」（『後法興院記』）の実例をモデルとしたのだろう。これぞ藤原頼長《よりなが》の先例に見られる、公家特有の「だらしなさ」であった。

武家の男色が稚児相手に留まっていれば、こんなことにはならなかったはずである。

しかし、同階層内での関係が許されるようになると、公私混同、「だらしなさ」への誘惑が生じることとなった。貴族的頽廃――これが武家男色の第二段階にある「途上期」の始まりであった。

今日の我々が室町幕府に、どことなく頽廃性を感じるのは、こういう中世的なけじめのなさにあるのだろう。彼らには政治的な厳密さがどことなく欠如しつつあった。

半将軍・細川政元と男色

同階層内での男色はこの頃から急加速で流行の兆しを見せていく。まずは幕府の重臣クラスに浸透ぶりを確認できる。

半将軍と呼ばれ、幕府内に大変な権勢を振るった管領《かんれい》細川政元《まさもと》（一四六六～一五〇七）はその嚆矢と言えるだろう。政元が養子として手許においた澄之《すみゆき》の実父、九条政《まさ》基《もと》が下向先で書き記した日記があり（『政基公旅引付《まさもとこうたびひきつけ》』）、永正元年（一五〇四）十一月十一日条に摂津《せっつ》守護代・薬師寺元一《もとかず》が政元との紛争に敗れ、自害する時に詠んだ辞世が記されている。

地獄にハ　よき我《わ》か主《しゅ》のあるやとて　今日おもひたつ旅衣かな

薬師寺元一は、かつて政元のもとで働いていた武将である。彼は辞世を披露する時に、「政元様は若衆《わかしゅ》がお好きであった。我が主は若衆の意味だ」と説明を付け加えた（森田恭二『戦国期歴代細川氏の研究』）。この辞世から政元と元一の関係に男色が介在していたともされる。政元と争って自害する直前、「地獄にはいい主人がいるだろうか」と現世への失望をにじませているのを、どう評価するかで解釈が分かれるだろう。どちらにしても、政元の若衆好きが隠れなき事実だったことが確かめられる。

三年後の永正《えいしょう》四年（一五〇七）十月に書かれた『九郎澄之物語《くろうすみゆきものがたり》』にも、政元が女を寄せ付けず、実子を儲けなかったことが記されている。

政元は女性を好まなかった。男色だけを愛する武士は史料上に希少で、政元の例は珍しいものだったと言わざるを得ない。一説には魔法修行のため、女人禁制を守り通していたと言われ、その最期は修行を前にして「寵童・波々伯部《ほうかべ》某」と浴室に入ったところを暗殺されたとも言う（『野史』）。政元はまれに見る若衆好きであった。

細川高国と柳本弾正

政元には澄之以外にも養子がいた。細川高国《たかくに》（一四八四～一五三一）である。彼もまた養父に似て男色好きであったとされる。ただし、出典は後世の編纂物である。丹波《たんば》出身で香西《こうざい》四郎左衛門の弟、柳本弾正《やないもとだんじよう》との男色関係が伝えられている（『足利季世記巻三・高国記』）。

柳本弾正という者がいた。幼稚の時は美童だったので、高国が殊《こと》に男色にふけり、寵愛も勝れていた。成人になると身に余る俸禄《ほうろく》を与えられ、栄耀《えいよう》は人々を越えた。

この『足利季世記』は、織田信長の時代から江戸初期までに書かれた軍記とされるが、豊臣時代成立の可能性も指摘されている（和田英道「永正期を中心とする細川氏関係軍記考（二）」）。いずれにしても、後世のものであるから書かれた内容すべてを事実として鵜呑みにはできないが、政元同様、武家の男色が将軍以外にも親しまれはじめたことが窺《うかが》えるのは興味深い。

もうひとつ、同書で興味を引くのは、主君と家臣ばかりでなく、家臣同士、同胞間での関係が描かれていることである。

高国の侍に高畠甚九郎と云う美童がいた。柳本とは男色の因《ちな》みがあり——。

高国を男色にふけらせた柳本弾正は、他の美童・高畠甚九郎とも関係があったというのである。事実はともかく、この時代の武家男色には貞操観念と呼べるものがなかったのかもしれない。江戸時代の山本常朝《じょうちょう》は、一生に一人だけ愛することを男色の理想としたが、室町時代にそのような精神性は見られない。貞操観念の存在が希薄だったのである。

細川高国と柳本弾正はその典型で、そこに公家的な享楽はあっても、『葉隠《はがくれ》』で熱心に説かれるが如き、命懸けで深刻な「忍ぶ恋」を見ることはできない。武家の間ではじまった男色の風俗が、男同士で親愛の念を深めることはあっただろう。

しかしそれはまだこの時、江戸時代の武家男色や、僧侶と稚児の関係で見られたような永久不変の契《ちぎ》りを強いるものではなく、切那的な遊戯のひとつでしかなかったのではなかろうか。

讃岐・阿波守護の細川政之と若衆

細川一族には、まだほかにも若衆好きがいることを書き加えておこう。讃岐《さぬき》・阿波《あわ》守護であった細川政之《まさゆき》（一四五五〜八八）である。文明十一年（一四七九）五月二十三日、壬生寺《みぶでら》にて地蔵堂の堂舎修理を目的とする勧進の幸若舞《こうわかまい》が興行された。これに臨席した守護の細川政之が若衆に心を迷わせたと、壬生氏の日記に書かれている（『晴富宿禰記《はれとみすくねき》』）。

讃岐守護・細河弥九郎（政之）は、ある若衆に心を迷わせ、見物の桟敷《さじき》を（若衆の）楽屋に隣接する形で構えさせたという。堂東局の東西である。讃州・弥九郎は今日、見物に若衆を同輿せしめて浅橋に向かい、帰路も一緒であったそうだ。

一目惚れした若衆と一緒に幸若舞を楽しんだあと、同じ輿《こし》で帰ったのである。これは義満と世阿弥の関係とは異なろう。政之は欲望に忠実な性分だった。

放埒《ほうらつ》な性格は家臣の失望を招いたようで、『雅久宿禰記《まさひさ》』同年八月十一条に「細川讃州弥九郎（政之）は、まったくしっかりしたところのない人であった。被官人たちは当主を別人に挿げ替えるための支度を整えたそうだ」とあり、家中で一騒動あったことが記されている。政治能力に問題のある人物は、好色面でだらしなさを発揮する傾向があったようだ。

細川一族には若衆好きが多い。細川幽斎《ゆうさい》（一五三四〜一六一〇）の甥にあたる、『古今若衆序』（一五八九）の著者・雄長老こと英甫《えいほ》永雄《えいゆう》（一五三五〜一六〇二）もまた若衆好きであったとされる。環境で説明づけられる背景があるのかもしれない。

武家の子を惨殺した僧侶

壬生氏の日記からもうひとつ、僧侶と武家の子息の関係から発生したと思われる事件を拾いだしてみよう。これは湯川敏治氏の「男色雑稿」で紹介される凄惨《せいさん》な殺人事件である。

文明十一年（一四七九）五月六日、長下総守《ちょうしもうさのかみ》（教連《のりつら》カ）の息子「次郎」が、三井寺《みいでら》にて殺されていたのを山岩中務丞《やまいわなかつかさのじょう》なる人物が発見した。次郎の遺体は四十箇所もの傷がつけられていた。惨殺死体であった。どうやら「日来《ひごろ》、次郎に心迷い、朝夕知《ち》音《いん》」していたという戒乗坊《かいじょうぼう》なる僧の仕業であるようだった。

死体には小袖《こそで》がかけられていて、すでに戒乗坊は逐電したあとだった。これを知った壬生晴富は長下総守に弔意を伝えたそうだが、さぞや落胆の色を見せたであろう。

戒乗坊が犯行に及んだ理由は不明で、尋常でない傷跡の多さに強い憎悪が読み取れるが、その反面、遺体に小袖をかける思いやりも見られ、愛憎の念が入り交じっているように推量される。戒乗坊は寵愛する次郎に裏切られでもしたのだろうか。

この事件は僧侶が武家の子を溺愛《できあい》していた事例として注目される。だが、プロローグで述べた、宝徳《ほうとく》二年（一四五〇）以前に成立したはずの「児灌頂《ちごかんじょう》」を、武家である次郎が受けていたとは思われない。こうした事件を抑止するために生み出されたであろう儀式は、ほとんど浸透しなかったようである。

地方の武家に広まった男色

さて、将軍や管領に受け入れられていった男色だが、足利義尚や細川政元と同時代の頃から、ようやく地方の武家社会にも見られるようになる。

文明十二年（一四八〇）、九州地方、筑前国《ちくぜんのくに》に連歌師《れんがし》の宗祇《そうぎ》が訪れると、この国を統治する陶弘詮《すえひろあき》が供応した。弘詮は周防《すおう》大内家の家臣で、筑前の守護代であった。当時の大内家は西国一の大名として中央に強い影響力を持っており、当主をはじめ家中の侍は京文化に深い造詣があった。弘詮も武人であると共に文人であることを自認していたらしく、弘詮の文芸コレクションはのちに毛利家の手に渡り、現在に伝えられている。一流の文化人として名高い宗祇を守護代の館に招くことは弘詮にとってまたとないイベントであった。

この時の様子を宗祇はこう記している（『筑紫《ちくし》道記《みちのき》』）。

此のあるじ、年廿の程《はたち》にて、其様、艶に侍れば、おもふおり、ことなきにしも侍らでおぼえず、勧盃時移りぬ。

弘詮が、二十歳ほどの艶な若者を侍らせ、宗祇と杯を交わしたという意味であろう。京文化に親しみのある大内家では、すでに男色の習俗を嗜む風が身についていたようである。

くだって大永《だいえい》五年（一五二五）の秋頃、宗祇の弟子である宗長《そうちょう》が東国を訪れた時の『宗長手記』に、下野国《しもつけのくに》の那須《なす》助太郎《すけたろう》なる侍が、「愛着せし若きもの〈美童〉を討死させて、愁傷」したという記録が見える。那須氏は「関東八屋形《かんとうはちやかた》」のひとつに数えられる旧族であった。同書には、駿河《するが》の今川家の家臣である三浦弥太郎《みうらやたろう》が「愛着のわかき斎藤四郎」の病死を嘆く記事も見える。今川家も大内家と同じく京文化に親しむ大々名として知られる。どうやら武家の男色風俗は、特に文化的志向の強い地方で受け入れられていったようである。

中央で流行を見せる男色は、ハイソかつデカダンな文化的遊びとして印象され、中央への憧れとともに地方武士の興味を誘い、全国へと拡散していったのであろう。世の乱れとともに頽廃的な気分に浸ることを是としてしまったのである。

こうして武家男色は地方にまで伝播するに至ったが、五山禅林の僧侶から吸収された男色趣味は武士をして文化的な消化不良に陥らせていくこととなる。稚拙《ちせつ》にも、男色と政治の峻別がなされなくなってくるのである。ここに第二段階「途上期」の終焉が近づいてくる。きっかけは大内義隆《よしたか》（一五〇七～五一）とその滅亡であった。

陶隆房のシンデレラ・ストーリー

周防《すおう》の大内義隆は天下の大々名であった。広大な領地、海外貿易に支えられた経済力、従二位《じゅにい》にまで昇進した官位——どこから見ても非の打ちどころのない立派な大将として西国に君臨した。

その義隆から寵を受けた武将として知られるのが、陶隆房《すえたかふさ》（晴賢《はるかた》・一五二一～五五）である。隆房は、武辺《ぶへん》抜群の将として活躍を見せた。

だが二人の間には男色があった。義隆の滅亡直後、菩提寺で書かれた『大内義隆記』なる一代記があり、ここに義隆と陶隆房のそれらしき逸話が記されている。大内家ゆかりの人物が書いたもので、成立時期は義隆が没してまだ三年後ぐらいとされ、

大内義隆（龍福寺蔵）

内容を見ても信憑性の高さを否定できない。一部抜き出してみよう。

陶尾州《びしゆう》（隆房）がまだ五郎と呼ばれていた若年の時――。（大内義隆は）「恋慕の心」があって、（隆房のいる）富田《とんだ》へ通い、路次まで出迎えられ、「松ヶ崎の寺」にて落ち合った。しかし夏の夜は短く、すぐに夜明けが近づいてしまう。（眠っている隆房に）暇乞《いとまご》いもせず帰ってしまった。（義隆は）悲しませまいと、翌日、歌に「もぬけなり　とせめて残ふば空蝉《うつせみ》の　世の習ひ共思ひなすべし」と詠んで富田へ送らせた。

詠まれた歌やその他の記事を見ても、『大内義隆記』の記述に疑わしさはない。事実を色濃く伝えていると受け止めていいだろう。

二人の関係は大内義隆が三十歳前後の頃と思われる。当時の義隆は北九州への遠征や上洛の検討など、激務に追われており、夜明け前には屋敷に帰る必要があったのだろう。それで眠れる少年をそのままに立ち去らなければならなかった。大内氏館（山口市大殿大路）から富田（周南市《しゅうなんし》富田）までおよそ四〇キロあり、徒歩なら一日はかかる距離である。中間の「松ヶ崎の寺」（防府市《ほうふし》松崎町）は、大内氏館から二〇キロほど。輿《こし》や徒歩で四時間ぐらいの距離であろうか。二人が共に過ごせる時間は短かった。

先の歌は義隆生前、大内家の歌会で披露されたものとして紹介されているから、二人の関係は公然のものだっただろう。義隆にはすでに正室がいたことを鑑みると、いささか背徳的と言わざるを得ないが、これだけなら他愛もない耽美にして頽廃的な恋愛譚のひとつとして片付けられただろう。しかし義隆は五郎に「隆」の一字を与え、一軍の将に取り立てた。私的な関係を、公的な関係と融合させたのである。

五郎は天文《てんぶん》六年（一五三七）、弱冠十七歳で従五位下《じゅごいげ》を公式に叙任されている（『歴《りゃく》名土代《みょうどだい》』）。これは上杉謙信や十四代将軍足利義栄《よしひで》（一五三八～六八）と同格で、大名の家臣にしては破格の叙任である（のちの天文十九年にも十五歳の杉正重が従五位下に叙されるが、こちらはその後出世した形跡が感じられない）。

それまで武功を立てた様子もないのに、いきなり大昇進を受けたのである。偏《ひとえ》に、譜代重臣という家格のなせるわざであろうが、それにしても当時の義隆と隆房は特別な関係にあった。人々は義隆の隆房に対する厚遇を様々に噂し合っただろう。

目も眩《くら》むような繁栄を誇る「日本無双の大名」（『西国太平記』）に、恋慕の心でもって愛され、大身《たいしん》の重臣に取り立てられた陶五郎隆房――。しかも得意の武勇を存分に揮《ふる》わせてくれる。これはもう戦国のシンデレラ・ストーリーと言うべきであろう。

理想の大名だった大内義隆

だがシンデレラは夢物語の存在であって、実在の人物ではない。王子様が容姿の美しさに幻惑されて貧民の娘を正室に迎え入れるようなことが本当にあったら、「うちの王子様は馬鹿だなあ」と国中の失笑を買っただろう。彦次郎を取り立てた足利義尚《よしひさ》ですら、諸大名から嘲笑を集めたのだ。

隆房は彼らほど低い身分ではなかったが、シンデレラや彦次郎と違って、家中随一の軍権を与えられた。しかも隆房は、他の家臣と家中の主導権争いをはじめてしまう。こうなると「うちの御屋形様は馬鹿だなあ」で済まされる話ではない。政争は戦争へと直結していく。思うような調整をしてくれない義隆に牙を剝《む》き、山口を襲撃したのである。主君弑殺《しいさつ》――世にいう「大寧寺《だいねいじ》の変」（一五五一）である。

その後、大内家は大名として復帰することなく、滅亡を余儀なくされてしまう。すべては義隆の人事が招いた災いであった。

なぜ義隆はこんなことをしてしまったのだろうか。侍童を男色で出世させることが世間に嫌われていたことはすでに述べた。そうでなくても、相手が将来の栄達が約束される大身の嫡男であったとしよう。その場合、先々における世間からの当人に対する評判を想像すれば、安易に手出ししていい相手ではないことぐらい想像がつく。「あいつは尻で出世した」と馬鹿にされるのが見えているからである。本来なら避けるべき関係だった。

あとから見れば愚行の極みかもしれないが、義隆にも言い分があるだろう。当時最高レベルの知識人であった一条兼良《いちじようかねよし》（一四〇二～八一）が、将軍足利義尚に提出した政道書『文明一統記《いつとうき》』には、「芸能をたしなみたまふべき事」として次の教訓が見える。

弓馬のことはもとから武家の仕事なので、言うには及びませんが、その他、歌道・蹴鞠《けまり》・諸芸にも興味を持たなければなりません。鹿苑院《ろくおんいん》殿（義満）は節会《せちえ》などもお勤めになり、管絃・声明《しようみよう》の道までも嗜んだものです。

兵ノ道ばかりにあけくれるのでなく、ゆとりをもって貴族的な諸芸を嗜むことが理想とされた。武だけでなく、文によっても人々の上に立つことを説いている。混乱の続く幕府情勢を踏まえてなお、将軍は武道ばかりでなく、公家的な文化を担うことが理想とされていたのである。これは兼良一人の考えではなかった。豊後《ぶんご》の大友氏が天文十一年（一五四二）に発布した分国法（「大友家政道条々」）にも次の一条が見える。

文武の道を嗜め、治世に於いてはまず文をなし、乱世に於いては武を先になす。すなわち治に乱を忘れず、甲冑《かっちゅう》・弓馬・武器など常に貯め置くものなり。

戦国初期とも言えるこの時代、「治に乱を忘れず」の記述から窺《うかが》えるように、まだ足利将軍を中心とする秩序社会が保たれているとの認識が一般的だった。治世の時代である以上、武家が文化的であることは美徳で、殺伐とした弱肉強食の風潮を払拭するには、文治に心を傾けることが大名に課せられた使命でもあった。こうした文治主義を見事に実践していたのが件《くだん》の大内義隆であった。

義隆は従二位の官位を賜り、五ヶ国の守護として武威を中国から九州にまで轟かせていた。為政者として実力を持っていたばかりか、一級の教養人で、まさに兼良の夢見る君主像そのものだった。義隆の城下町には、次の落首《らくしゅ》があったという（『西国太平記』)。

　大内とは　目出度《めでたき》名字今ぞ知る　裏の略せし大内裏《だいだいり》とは

　大内という名字は、「大内裏」(京都の政庁街)からきているのだという言葉遊びだが、確かに義隆時代の大内家は、権勢を誇っていた。同時代の人々は、義隆を理想の大名と見ただろうし、大内家を目標とする大名も少なくなかっただろう。

　そこにきて寵愛する陶氏の取り立てである。これは贔屓《ひいき》人事として、公私混同の批判を浴びる危険があった。今日の視線で見れば、自ら滅亡を招く愚行であった。だが義隆をはじめ室町時代の為政者は、必ずしもそう考えなかったのではなかろうか。例えば戦国大名というのは、時折あえて虎の尾を踏むように重臣の弾圧や粛清《しゅくせい》を加えている。失敗して死滅した大名も多いが、成功すれば政権の強化につながった。

　日本最大勢力の大名として繁栄を極める大内家の当主が、「公」に「私」を挟んでも異論を封殺できる──こうした事実を見せつければ、大内家への評価はますます高まる。義隆は兼良が夢見た文治主義の手本と化していた。この上は、礼法や風流の文化でもって、政治を制御し、乱世の風潮を克服するつもりだったのではなかろうか。

甲斐《かい》武田氏の足軽大将山本勘介《かんすけ》（一四九三〜一五六一）は、義隆を振り返って言う（『甲陽軍鑑《こうようぐんかん》』品《ほん》第二十七）。

諸芸を上手になされ、ことさら読み書き、内典・外典に明るく、歌を詠み、詩を作り、行儀がよくて、裃《かみしも》を離さず、朝のお座敷でも膝を崩さず、午後三時頃まで御座にいる間はすべて作法が定まっています。（中略）奉公衆・大身・小身の者は読み書きをし、詩を作り、歌を詠むことを重視して、武辺を軽視しています。彼らは身分に厳しく、自分より小身のものを相手にしません。

上品で文化的であることが、武辺者であることよりも尊ばれていたのである。大内家は礼法主義であり、近年勃興する野蛮な乱世の気風を、文治によって牽制していた気配さえ感じられる。

後世の目から見ると戦国大名になりきれず、滅びるべくして滅びた大内家だが、義隆にすれば戦国的な大名の側こそ、泡沫《ほうまつ》的な存在に映ったに違いない。新興の出来星大名を、なりふり構わず亜流から台頭する存在として邪道視していたのではなかろうか。こうした気分なしに義隆の五郎取り立てはなかったように思われる。

だが現実は理想に厳しかった。義隆は家中に生じた乱れを抑えることができず、天文二十年（一五五一）夏、謀反に遭って自害を余儀なくされたのである。享年四十五――。

敗北する理想と戦国の勃興

義隆が滅亡すると、武将たちは大内家を痛烈に批判した。先の山本勘介もそうした批判者の一人である。勘介による義隆批判を一部掲出してみよう（『甲陽軍鑑』品第三十三）。

（義隆は）華奢《きやしや》・風流な事ばかりにふけり、ことごとく邪道である。（中略）大内殿は畳の上での奉公人に所領をやったせいで、家老の陶に国を取られたのだ。

勘介は「畳の上で楽に奉公する奉公人に知行をやると、みんな命を捨てることを馬鹿にするようになります」とも言っている。「畳の上」で働く武士を心底嫌っていたのだろう。勘介は「奉公の中でも命を賭けた軍役をなす忠節忠功の者にこそ知行を与えるべき」との考えを持っていた。

勘介ばかりでなく同書の筆者も、乱世を生きている心がけがなく家運を傾けた大将として「西国にて大内義隆、関東の上杉憲政《のりまさ》、扨《さて》は今川氏真《うじざね》」（品第三十三）を挙げている。また、「武者は犬ともいえ、畜生ともいえ、勝つことが本にて候」の凄まじい名言で知られる越前《えちぜん》の朝倉宗滴《そうてき》（一四七七〜一五五五）も酷評を下している（『朝倉宗滴話記』）。

日本で国持の器用がなく、人使いの下手な人と言えば、土岐《とき》（頼武）殿・大内（義隆）殿・細川晴元《はるもと》の三人である。

朝倉家は、土岐家および細川家と直接の利害関係にあったから評価に私情が入っているだろうが、大内家とは密接な接点がなかった。それでもこうまで厳しく評されるのだから、義隆のイメージが、当時どれだけ落ちていたかが想像されよう。生前の義隆には「末世《まつせ》の道者《どうしや》」との賛辞こそあれ、辛辣な批判がされることはなかった。

武辺者の勘介や宗滴は、室町幕府を中心とする小康状態を否定し、弱肉強食を勝ち抜く乱世の思想を主張した。もうなりふり構ってはいられない。ぼやぼやしていると親兄弟や僚友にまで命を狙われる。贔屓《ひいき》人事という「人使いの下手」をやっている場合ではない。

戦国武士は室町的な大名の代表として義隆をやり玉にあげ、自らを軍事的で政治的な存在へと先鋭化していく。安全圏の殿様が好む観念的なものではなく、実用的な戦略・政略の実践が好まれていく。まさに「犬畜生になっても勝て」である。公家は「野暮ったさ」と「だらしなさ」を天秤にかけ、野暮ったさを退《しりぞ》けたが、戦国武将は「野暮ったさ」を厭《いと》わない道を選んでいくのである。

こうして一度は結びつきかけた文治主義と、そこに内包される男色人事の芽は、義隆の滅亡と共にほぼ摘み取られてしまったのである。こうして武家男色は、男色と政治を分離させた第三段階「純化期」へと移行していくこととなる。

第三章　守護大名と男色——大内義隆・武田信玄

室町的大名の衰退と戦国的大名の勃興

一条兼良《いちじようかねよし》（一四〇二～八一）が理想とする君主像を模範的に実践し、一定の成功を見た文化的な大名といえば、前章で触れたように、周防《すおう》の大内家・駿河《するが》の今川家・越《えち》前《ぜん》の朝倉家が想起される。だが、彼ら室町的な理想を重視する大名はやがて没落し、文化よりも軍事と政治を最優先に機能させる戦国大名が勃興する。こうした精神風土を背景に、武家男色《なんしょく》は第三段階「純化期」に入っていく。

さて本章では、西の大内、東の武田と称される大内義隆《よしたか》（一五〇七～五一）と武田信玄（一五二一～七三）にまつわる男色の逸話の数々を考察し、通説に疑義を呈したい。

戦国武将は男色と政治のだらしない関係を嫌った。にもかかわらず、男色による出世話は膨大に存在する。これらの事例はどこまで妥当性があるのか、作り話であったとして、そこにどのような作為を読み取ることができるのか。まずは引き続き大内義隆の事例から見ていこう。義隆には、南蛮《なんばん》の宣教師に男色を非難された逸話が伝わっている。

宣教師と日本の男色

宣教師は宗教上の敵であることも手伝い、諸記録において仏教界の男色を批判している。そればかりか、彼らは日本から男色文化を一掃する使命に燃えており、人々に男色の罪を説き、認識を改めさせようとした。はじめその試みは困難を極めたようだ（「フランシスコ・ザビエル書翰」）。

すべての（仏僧には）破戒の相手となる少年がいて、そのことを認めたうえに、それは罪ではないと言い張るのです。世俗の人たちは僧侶の例にならって、ボンズ（＝坊主）がそうするのだから、我々もまたそうするのだと言っています。

当時の日本人にはおせっかいな話だったようだ。フランシスコ・ザビエル（一五〇六～五二）は、「この人たちは男色の罪を禁じているよ」と嘲笑《ちょうしょう》を集めたという。だがやがて、努力は報われたらしい。ザビエルに同行していたアレッサンドロ・ヴァリニャーノ（一五三九～一六〇六）は、のちに「日本に（我々）聖職者の光が輝きはじめてからは、多くの人々は、その闇《やみ》（男色）がいかに暗いものであるかを理解しはじめ」たと誇らしげに述べている。どこまで事実かはわからないが、稚児《ちご》・喝食《かつしき》への愛玩が以前に比べて下火になっていったとすれば、戦国の動乱が室町幕府を衰退させ、武家と五山禅林《ぜんりん》の蜜月期を終わらせたことも作用していよう。

ところで不思議なことがある。彼ら宣教師は仏僧による男色の罪を諸記録に残しているものの、なぜか戦国武将の男色文化にはそれほど触れていないのである。

戦国時代、もし武家の間で男色が当たり前であったとしたら、まず間違いなく記録に残したであろう。また現地の武将とも論争を繰り広げたに違いない。ところが戦国武将と宣教師の間にそうした確執の記録はほとんど見られないのである。

おそらく宣教師のやってきた時代には、第三段階にあたる武家男色が大内義隆の失敗によって「忍ぶ恋」化していたのであろう。だが「忍ぶ恋」の原因を作ったであろう義隆だけは、例外となった。「忍ばない恋」だった男色趣味が、堂々と記録されたのである。

［大内義隆］ザビエルに批判された山口の王

以下は豊臣時代に成立したルイス・フロイス（一五三二〜九七）の『日本史』に書かれてある話である。

天文《てんぶん》十九年（一五五〇）厳冬、宣教師として初めて来日したザビエル一行は、周防の山口という「富貴な町」にたどりついた。大内領である。山口の「侍臣《じしん》や御殿の豪華さ」は群を抜いていたが、国主の大内義隆は「放恣《ほうし》な振舞いと奔放な邪欲とに耽《ひた》っているうえに、彼は自然に反するかの恥ずべき罪にも身をやつしていた」のだという。「恥ずべき罪」とは言うまでもない。男色のことである。やがてザビエル一行は大内家臣の目に留まり、義隆のもとへと招かれた。家臣一同の前で向かい合う国主と宣教師の一団――。

義隆は好奇心旺盛《おうせい》で、ザビエルに遠慮なく質問を繰り広げた。そのうち南蛮の教理を聞きたいと言い、一向は宇宙の創造やデウスによる十戒を説明した。そこまでは平和だった。だが、日本人の罪（男色）について語り出すと雲行きが怪しくなってきた。「このようないやらしいことを行う人間は豚よりも穢《けが》らわしく、犬やその他の道理を弁《わきま》えない禽獣《きんじゅう》よりも下劣であります」

義隆の男色を堂々と諫《いさ》めたのである。義隆の顔色は瞬時に変わり、この場を立ち去るようザビエルに命じた。フロイスの記述によれば、「彼等（ザビエル一行）は王（義隆）に一言も返辞しなかった」そうである。一行を殺すよう命じられると思ったが、そのまま翌日なんの許可もなしに山口で布教活動を行ったという。事実とすれば義隆の狭量に比べ、宣教師一行の勇気は際立っている。見る人によっては痛快な印象さえ受けるであろう。

しかし、フロイスの記録はどこまで信用できるのだろうか。

ザビエルの証言とフロイスの記述

ザビエルは義隆が亡くなった翌年に病死している。フロイスがその数年後に初めて来日したあと、『日本史』を完成させた時には、ザビエルが世を去ってからもう四十年の時が過ぎていた。

実際の出来事から長い時間を経てから書かれた記録である以上、内容の正確さを問う必要があるだろう。幸いなことに、ザビエル自身も義隆との会談を知人への書翰に書き残している（一五五二年一月二十九日付・欧州イエズス会宛書状）。だが、そこにはなぜか、義隆の男色を非難して、激怒されるくだりはない。書翰のあらましを見ていこう。

まずはじめ、山口にたどりつくところまでは同じである。町で辻説法を行ったザビエル一行は、人々から嘲《あざけ》りを受けた。初めての異教徒に日本人は反発したのだ。特に一神教や一夫一妻制の教えと、男色を罪悪とする教理には批判が強かった。唾《つば》を吐きかけられ、石を投げられることもあったという。

しかしザビエルは果敢にも布教を続け、武士を含む信者を少なからず獲得した。民衆の怒りを買っても節を曲げることなく、敢然と教理を説き続ける宣教師たち――。異人の集団による熱心な布教活動は、当然のことながら義隆の知るところとなった。興味を持った義隆は対談を望み、一行を御前に招いた。

ザビエルの証言を見てみよう（「フランシスコ・ザビエル書翰」）。

どこから来たのか、どのようなわけで日本へ来たのか、などと尋ねられました。私たちは神の教えを説くために日本へ派遣されたもので、神を礼拝し、全人類の救い主なるイエズス・キリストを信じなければ誰も救われる術《すべ》はないと答えました。領主は神の教えを説明するように命じられましたので、私たちは〔信仰箇条の〕説明書の大部分を読みました。読んでいたのは一時間以上にも及びましたが、その間、領主は極めて注意深く聞いておられました。その後私たちは〔御前を退出し〕領主は私たちを見送ってくださいました。

ここに義隆に男色批判を行った形跡を見ることはできない。それどころか、ザビエルの退出を自ら見送りしているわけで、極めて好意的かつ丁寧であった。その後、ザビエルは日本の元首である天皇への謁見を望み、京都に向かったが、天皇にも将軍にも会うことはかなわなかった。京都は戦乱に荒れ果て、治安も悪く、長期滞在には向いていない。やがて一行は義隆のお膝元である山口へと戻ることにした。

ここでもしフロイスの言う通り、義隆を怒らせていたら、ザビエルは山口ではなくほかの町へと向かっただろう。だが、彼らは再度の面会を希望し、改めて正式の布教許可を願い出た。

ザビエルの手には本来、天皇に差し出されるはずだった南蛮の珍しい御土産とインド総督からの親書とが携えられていた。大いに喜んだ義隆は、一向に金銀を与えようとした。しかしザビエルは、これを断り布教許可のみを求めた。無欲な申し出は義隆を感動させたに違いない。

（義隆は）大きな愛情をもって私たちにこの許可を与えてくださり、領内で神の教えを説くことは領主の喜びとするところであり、信者になりたいと望む者には信者になる許可を与えると書き、領主の名を記して街頭に布令を出すことを命じられました。

なんと、義隆は男色を批判するキリスト教の布教を認めたばかりか、御触書《おふれがき》まで出して積極的な支援を行ったのである。しかも住むところを心配し、「学院のような一宇の寺院」を彼らに与えた。これはフロイスの『日本史』にも見えることである。なお、天和《てんな》元年（一六八一）にイエズス会が刊行した『日本西教史』は史料的価値が低いとされるが、こちらもザビエルの書翰同様、義隆の男色を非難するシーンはない。

義隆は大陸貿易に力を入れており、新たな交易相手となり得る南蛮人の到来を喜んだであろう。当時山口はどこよりも治安にうるさかった町である。そこで男色批判をして町人に騒がれていたのだから、宣教師の教理ぐらいは、直接聞くまでもなく事前にある程度知っていたはずである。ということは、義隆はキリスト教の男色批判を理解した上で面談し、布教許可を出したのではなかろうか。

危うい伝聞と誇張癖のある記録者

ザビエルとフロイスの証言は明らかに違っている。どちらが真実に近いのだろうか。

もし『日本史』の記す通り、義隆がザビエルの男色批判に激怒していたら、彼らは再び山口に入る考えなど起こさなかっただろうし、いくら贈り物が上等であったとして、義隆もここまで寛大な処置は取らなかっただろう。仮にザビエルの布教が実って山口に男色への蔑視を浸透させてしまったら、それは自分への軽蔑につながりかねないからである。

してみると義隆の男色愛好というのも、陶五郎《すえ》少年の美しさが招いた若気《わかげ》の至りに過ぎなかったのかもしれない。宣教師が山口に現れた時には、もう足を洗っていたことも考えられる。そうなると、「宣教師に男色を批判されて激怒した」という逸話からイメージされる好色漢の義隆像は、再検討の必要すら生じるであろう。

ではなぜ、フロイスとザビエルの証言に食い違いがあるのだろうか。これは順を追って見るしかない。まず、ザビエルの死から六年後となる西暦一五五八年一月、ベルショール・ヌネスがポルトガルの友人へ送った書状に「ジョアン・フェルナンデスの言によれば、パードレは（中略）山口の王に対してはその罪を責むること激しく、生命の危険ありき」と書かれていて、すでにザビエルの証言からかけ離れた記述となっている。フェルナンデスはザビエルに同行していた宣教師の一人であるのに、これはどういうことであろうか。

推測してみよう。ザビエルが山口で布教許可を得てからわずか二ヶ月後、陶隆房《たかふさ》が山口を襲撃し、義隆は自害させられた。隆房に制圧された山口は戦禍に見舞われ、宣教師たちはそれこそ「生命の危険ありき」という状態に陥った。そのため彼らは、他国へと避難せざるを得なかった。ヌネスが書いた「生命の危険」とは、義隆ではなく隆房による恐怖の記憶が混同されたのではなかろうか。

この時、すでに日本国内では朝倉宗滴《そうてき》による義隆批判が行われて久しかった。死後、急速に悪化した義隆に対するイメージからフェルナンデスの記憶が曇ったか、ヌネスの聞き取り違いがあったように考えられる。

なお、フロイスの上役にあたるヴァリニャーノは「フロイスには誇張癖がある」と指摘しており、フロイスの性格がこうした伝言ゲームの危うさに拍車をかけ、『日本史』の記述につながった可能性も想像される。外国人の視点による史料であっても、そこに描かれる「生の日本」像が、必ずしもそのまま史実であるとは限らない。

このように、よく知られる逸話も出典を確かめると、実は根拠が曖昧であるケースは少なくない。先入観にとらわれず、よく注意する必要があるだろう。

[武田信玄]　晴信と弥七郎・源助の関係

さて、通説視されているもうひとつの有名な事例を紹介・考察してみよう。

次に見る文書は、武田信玄と高坂昌信《こうさかまさのぶ》（一五二七〜七八）の男色から生じた愛憎劇を示す証拠物とされる。信玄（晴信）の男色を実証する唯一無二の史料として、多くの方がご存知であろう。わかりやすく意訳したいが、その前に読み下し文から紹介しておこう。いまは読み飛ばしてもらって構わないので、こういうものがあるのだということだけ確認してもらいたい。

誓詞《せいし》の意趣は、

一、弥七郎に頻《しき》りにたびたび申し候えども、虫気《むしけ》の由、申し候間、了簡《りようけん》なく候。全く我が偽りになく候事。

一、弥七郎、とぎに寝させ申し候事、これなく候。この前にもその儀なく候。いわんや昼夜とも弥七郎と彼の儀なく候、なかんずく今夜存じ寄らず候の事。

一、別して知音《ちいん》申したきまま、色々走り廻り候えば、かえって御うたがい迷惑に候。

この条々いつわり候は、当国一二三大明神、冨士、白山《はくさん》、殊《こと》ニ八幡大菩薩、諏方《すわ》上下大明神より罰をこうむるべきものなり。仍如件《よつてくだんのごとし》。

内々法印《ほういん》にて申すべき候えども、甲役人多く候わば、白紙にて、明日重ねてなりとも申すべく候。

七月五日　　晴信〔花押〕

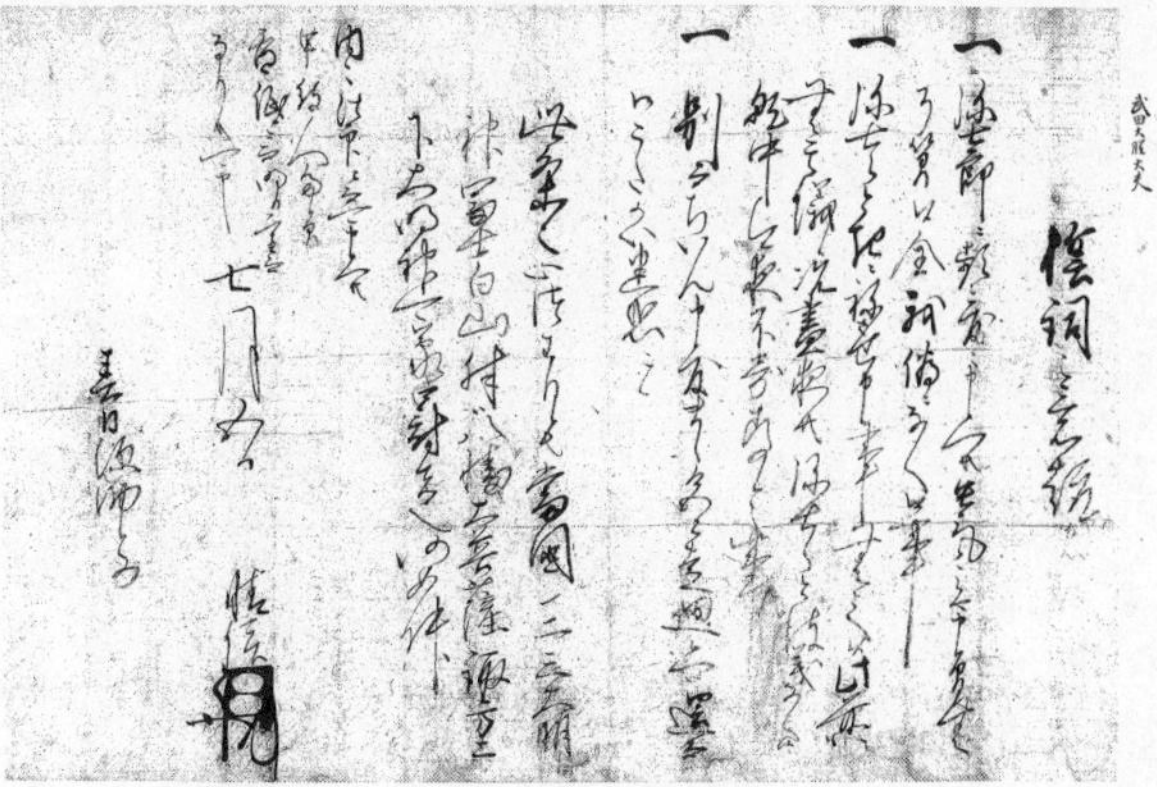

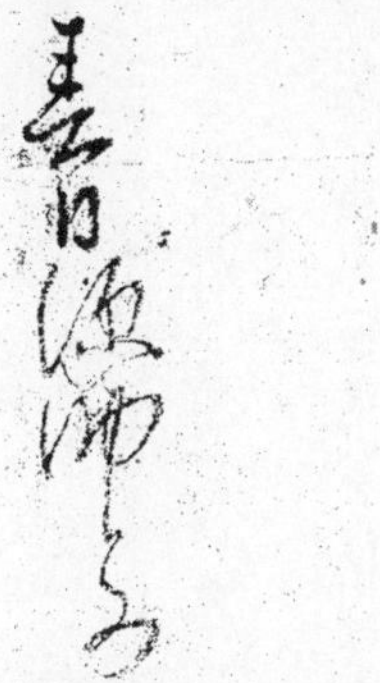

「武田晴信（信玄）誓詞」の「全文」および「[春日] 源助」署名部分拡大（東京大学史料編纂所所蔵）
春日源助の署名には、もとの氏を削って「春日」と書き換えた跡が確認されている。

〔春日《かすが》〕源助との
※〔 〕は二ヶ所とも後筆とされる

この誓詞はかつて幕末明治の洋学者・神田考平氏が所蔵していたが、現在は東京大学史料編纂所が保管している。さて次に、この誓詞に意訳を施して紹介しなおしてみよう。便宜上、各条に番号を付し、本文と追記以外を略している。

一、弥七郎には繰り返し何度も伝えたが、虫気（腹痛）を理由に了簡を得られなかった。これは自分の嘘ではない。

二、弥七郎を伽《とぎ》に寝させたことはない。これまでにもない。言うまでもなく昼や夜にもそういう約束をしてはいない。特に今夜など思いもよらないことだ。

三、ただ親しくしようと色々動きまわったことから、お疑いや迷惑をかけてしまった。

以上にひとつでも嘘があれば、神罰を受けるものとする。

〈追記〉本当は私的に牛玉宝印《ごおうほういん》を押した護符に書くべきところ、甲府に役人が多くて用意できなかったため、とりあえず白紙で用意した。明日にも改めて書き直す。

ひとつずつ説明していこう。

これは晴信（信玄の初名）の誓詞である。宛名の春日源助《かすがげんすけ》は、のちに武田四名臣として知られる高坂昌信の初名であるという。『史徴墨宝《しちょうぼくほう》』の解説によれば、昌信は天文十一年（一五四二）に晴信に近習として仕えたから、その年のものだとされる。

裏付けとされるのは『甲陽軍鑑《こうようぐんかん》』品《ほん》第五の記述であろう。そこには高坂弾正忠《だんじょうちゅう》こと春日虎綱《とらつな》が十六歳で、二十二歳の晴信に近習として奉公をはじめ、「殊更《ことさら》、おくへめしよせられ」たことが見える。しかも二十四、五歳まで傍輩から「あの様な〈ほれ者〉をお取立てになるとは晴信様も〈御目違〉なさった」と噂された。それで虎綱は、主君の御目違いなどあってはならぬと奮起し、奉公に一層精を出したという。

こうして虎綱は「主君の愛により、いたらぬ者も智恵・才覚出るものなり」との悟りを得、立身した。『史徴墨宝』に従えば、この誓詞が書かれたのは、大内義隆が殺される十年前のことであるが、実際に何年のものであったかは不明である。

晴信は源助と男色の契《ちぎ》りを結んでいたが、ある時、晴信が別の近習である弥七郎に言い寄った（第一条）。嫉妬に激怒した源助は「弥七郎とはもう関係してしまったのか」と詰め寄り、晴信は弥七郎とは寝ていないと釈明せざるを得なかった（第二条）。源助とは特別仲良くいたいのに疑われて迷惑している（第三条）。そう伝えるため書かれたのがこの晴信誓詞とされ、一種のラブレターとも言われる。

だがこれをもって武田信玄と高坂昌信の間で、痴情のもつれがあったと見なしていいのだろうか。通説に従う前に指摘しておきたいことがいくつかある。

まずは宛名についてである。「（春日）源助」の宛名は『甲陽軍鑑』執筆者である高坂昌信こと春日虎綱のことだとされているが、昌信の仮名は「源五郎」であり、「源助」を称したことは一度もない。そう書いてある史料も寡聞《かぶん》にして知らない。

しかも宛名に見える源助の苗字「春日」部分は、もとの文字をすり消してあとから書かれたものであることが指摘されている（柴辻俊六「戦国期信濃海津城代春日虎綱の考察」）。本当はどういう苗字が書かれていたか不明だが、もとの字をわざわざ消しているのだから「春日」ではなかっただろう。源助と昌信を結びつける根拠は極めて薄弱なのである。

次に本文である。

第一条目はこれまで、「いままで弥七郎に言い寄ったことはある。しかし弥七郎は虫気を理由に断ってきた」と読まれてきた。これに疑問を呈した研究者がいる。東京大学史料編纂所の鴨川達夫氏である。

氏は著書『武田信玄と勝頼――文書にみる戦国大名の実像』（岩波新書）にて、源助から浮気心を責められているのに、「何度も何度も言い寄ったのだが、思いを遂げることができなかったのは残念だ」と説明するのは、神経を逆なでする「バカ」な言い方として、不自然であると指摘された。そして「お前の望むように弥七郎を連れて来ようと何度も試したが、腹痛を理由に断られてしまった」と読む新解釈を示した。

つまり、源助に「弥七郎をこの場に連れてきて俺の質問に答えさせろ」と要求されたことで、晴信は弥七郎に何度も「ぜひ来て欲しい」と伝えたが、腹が痛いと言って応じなかったというのである。確かに今後も仲良くしたいはずの源助に、わざわざ「俺は弥七郎に惚《ほ》れて、一緒に寝たいと思ったんだよ」などと言うのは無神経以外の何物でもない。鴨川氏の解釈も理解できる。

だが、「病気が重いので連れて来られなかったよ」ならまだしも、「病気だからと言って、了簡してくれなかったよ」と説明されて、源助が納得するであろうか。「へぇ。弥七郎の言うことには弱いんですね」と晴信の庇《かば》いだてを看破し、ますます不信感を強めることは想像に難くない。

嫌味を言って、「もういいですよ」で終わらせてくれるならまだいい方で、もし弥七郎の虫気が治ったら、今度はどう言い繕うつもりだろうか。晴信は、明日にも誓詞を書き直すと言っているが、「そんなものはいいですよ、弥七郎の回復を待ちますから。その上で三人顔を合わせてお話ししましょう」と言われればもう逃げ場はない。弥七郎に頭を下げ、源助の前に出てきてもらわなければならなくなる。

鴨川氏の解釈は魅力的だが、一条目の解釈は通説に従ってもいいように思う。晴信が口説いた時、弥七郎は折り悪く(幸いにも?)「虫気」だった。それで晴信は想いを遂げることができなかった――やはり、そう解釈するべきではないだろうか。

鴨川氏の挙げた疑問――晴信が弥七郎と閨《ねや》を共にしたくて言い寄った事実を、愛人の源助に告白するはバカなことではないかとする指摘――に関しては、この誓詞が書かれたのが、晴信が弥七郎へ言い寄った事実が隠れもなく露見したためと考えれば、解消される。すでに問答無用の修羅場になっていたとすれば、従来の解釈でも晴信の説明は「バカ」な言い訳ではなくなるのである。源助の追及は、二人が一線を越えたかどうかのみに焦点が当てられているのである。

なお、晴信と弥七郎が男色の契りに至ったかどうかだが、ここは神明に誓った晴信の言葉を信じてやりたい。「表裏の多い信玄の言うことだから」とこんなことまで疑ってしまわれては、あまりに気の毒であろう。晴信は弥七郎に言い寄ったが断られたのである。では、次に誓詞の追記部分である。

私的に牛玉宝印を押した護符に書くべきところ、甲府の役人が多くて用意できなかったため、とりあえず白紙で用意した。

役人が多くて宝印つきの護符を寺社から持ち出せなかったというのだから、晴信は誓詞を非公式で作りたかったわけである。源助とのやり取りを誰にも知られたくなかったのだろう。『葉隠《はがくれ》』の山本常朝《じょうちょう》と同じく、「忍ぶ恋」の気持ちがあった──と見ることができる。

源助の正体は意外な老人？

それでもひっかかるのは第三条の解釈である。通説はこれを、晴信が「源助と特別仲良くしたくて努力したところ、かえって疑われて困ってしまった」と読み解くが、どちらかと言えば、「弥七郎相手に知音《ちいん》（特別親しい関係）を求めてしまったせいで源助を疑わせてしまい、迷惑をかけてしまった」と詫びているのではないだろうか。

つまり筆者は次のように考える。

晴信は、第一条と第二条で「弥七郎と実際に寝たことがあるのかどうか、これからもあるのかの釈明」を行い、第三条で「自分の行動に疑問を抱かせ、迷惑をかけてしまったことへの反省」を書いた。弥七郎にしつこく言い寄ったところ、虫気を理由に断られ、しかもこれが源助に見つかってしまったため、平謝りせざるを得なかったのである。

ここでふと気づかされることがある。源助は高坂昌信ではなかった、そして晴信が知音云々と言っていた相手は源助ではなく弥七郎のことであった。この二点は晴信と源助が男色の仲にあったとする根拠となっていたが、ここでどちらの前提も失われるのである。

こんな誓詞が書かれたのは、源助が「弥七郎と変な関係になっていたら許しませんよ」と脅かしたからに違いないが、二人が男色の関係になかったとしたら、なぜ源助が晴信を難詰したのか、その動機を弥七郎への嫉妬以外で再考する必要が生じてくる。

その場合、源助は口うるさい老臣で、主君が柔弱な男色遊びにうつつを抜かすなどもってのほかだと考えていたとする背景を仮定することができる。源助は、若君に華やかな風流よりも、武道に親しんで立派な名将になってもらいたかった。ところが若い晴信は源助の望む禁欲生活に従わず、弥七郎の魅力に眩惑された。これを見た源助は晴信に諫言《かんげん》した。源助宛ての誓詞は、こうした見方で読み解くこともできるのではなかろうか。

ここで少年期の晴信を見てみよう。

まだ家督を相続していない頃の晴信は、素行に問題があった。『甲陽軍鑑』品第十九によると、天文八年（一五三九）、まだ十八歳の晴信は、連日のように、小殿原衆《ことのはら》（＝小姓衆《こしょう》）や若き女房衆を集めて、昼夜問わず遊び呆けていた。挙句、昼過ぎまで朝寝坊することが珍しくなかった。おかげで毎日明け方まで働かされる年配の近習は、体調を崩し、奉公する家来衆も、若君の生活時間が不規則なので顔を合わせることすらできずにいた。

晴信は、武将としての資質を問われていた。そしてとうとう、見るに見かねて諫言する家臣が現れた。武田家に長年仕えてきた宿老の板垣信方《いたがきのぶかた》（生年未詳～一五四八）である。信方は「これでは信虎《のぶとら》公の百倍もまさる悪大将」になってしまうぞと厳しく叱《しか》り、驚いた晴信は信方を私室につれ、今後は品行《ひんこう》を正しますと涙ながらに誓ったという。

信方が厳しく諫めたのには、武田家の後継問題という背景があった。当時、晴信の父で甲斐《かい》守護の武田信虎はまだ現役で、言うことを聞かない家臣や一族に容赦ない仕打ちを浴びせた。信虎は、嫡男であるはずの晴信にも厳しく、生意気で柔弱なところが気に入らなかったのか、後継を晴信の弟に変更しようと考えはじめていた。

こうした状況にあったからこそ、信方は意を決し、行動に出なければならなかったのだろう。以上を鑑みて先の誓詞を見なおせば、従来とは別の物語が浮かび上がってくる。

想像してみよう。信方は晴信の生活を見張らせるため、「源助」を近習につけた。源助は、逐一晴信の行状を信方に知らせた。おかげで、『甲陽軍鑑』にあるがごとく、信方は普段顔を合わせない晴信の素行と趣味を研究して、上手に諫言することができた。信方は先の諫言をするためだけに、二十日間も晴信の趣味を学んだという。

だが一度泣いて謝ったぐらいで不良の素行が改まるなら苦労などない。信虎追放後のある日、晴信は弥七郎なる小姓が気に入って口説いたが、あえなく振られてしまった。しかもこれがまずいことに源助の目に入ってしまった。

青ざめた晴信のもとに源助は進み寄る。「困った若君様ですな。一線は越えていませんよね？　今回だけは信方様に報告しませんから、もう二度とやらないと誓ってもらえますかな」。晴信は頭を抱えながら「弱った、弱った。誓詞を出すから今回だけは見逃してくれ」と、先のごとく誓いを立てた——。誓詞の裏に見える背景とはこのようなものではないだろうか。

源助＝山本勘介説

いま一度誓詞を読み返してみよう。

一条目で、弥七郎に言い寄ったが虫気だったと述べ、二条目で、源助に身の潔白を述べている。三条目では、誤解を招くような行動をとったことを詫びた。そして追記で、甲府の役人に知られたくないと言う。とりわけ信方の目に留まりたくなかったのだろう。これで誓詞の内容を、従来の三角関係説以上に、すっきり読み解けると思うがどうだろうか。

もうひとつ「おまけ」を言ってしまおう。源助の正体は、意外な人物につきあたる可能性を考えている。誰かと言えば、信玄の軍師とされる「山本勘介」である。

天文十二年（一五四三）、信方から勘介を推挙された晴信が、これを容れて百貫で直臣としたと『甲陽軍鑑』に記されている。だが、重臣が他国出身の牢人を紹介し、しかもいきなり百貫もの知行を与えるなど、相応の背景がなくては起こり得ない。勘介が優れた能力を持っていたためとも言われるが、これ以前から信方の客分として武田家に所属していた可能性はないのだろうか。

例えば『牛窪記《うしくぼき》』は、勘助の初名を「源助」としている。また、『甲陽軍鑑』は勘介を軍師とは一言も書いていないが、口うるさい近習であったとすれば、同書における勘介の扱いが軍師のように印象されるのも道理となる。勘介は畳の上の働きで取り立てられる武士を軽蔑していた。知音の関係など言語道断だったに違いない。

そしてこの誓詞で、宛名の氏部分が削り取られた理由も、こう推測することができる。江戸時代、勘介は「甲州流軍学」の祖とされ、容貌醜悪の人物としても著名だった。ところが男色の関係を疑わせるこの誓詞に「山本源助」の署名があった。そしてこれを従来説のように三角関係の内容に読み取り、「これでは困る」と考えた者が、非実在の「春日源助」に訂正した。畳の上の奉公だけで出世する武士を否定する勘介が、男色で主君に取り立てられることなどあってはならないことだった。ひょっとすると春日氏の子孫自身が「勘介殿にこのような事実があると思われてはならない。ここは我らが身代わりに」と考えて書き換えたのかもしれない――。

以上の推測は余談として楽しんでいただければ幸いで、源助＝山本勘介説をことさらに力説するつもりはない。ただ、こうした解釈も可能なほど、この文書には多くの可能性が潜んでいるわけである（ほかにも源助を、信虎家臣で藤堂高虎の父であった源助虎高に比定することができよう）。解釈の是非はともかく、源助が男色の寵で出世した高坂昌信ではない事実だけは確認していただけたであろう。

【文庫版加筆】武田晴信誓詞を再考する

ここまで見てもらった「［武田信玄］晴信と弥七郎・源助の関係」だが、再考するところがあり、ここに訂正の追記をさせていただきたい。

この事件は男色とはまったく無関係なようである。

結論から述べてしまうと、今現在の筆者は、この武田晴信の署名は、もともとは春日源五郎虎綱（高坂昌信）の署名が書いていたものと推量している。少なくとも原文はそうであったが、現存する誓詞はこれの写しであるだろう。そして晴信自身が、この原書を放棄させて、自ら書き写した誓詞を源助に差し出した。

甲役人ではなく「申待ち人」

本稿を書いた当時、筆者は先に示した「武田晴信誓詞」の〈追記〉部分にある「甲役人」という表現の意味に違和感を覚えた。しかし筆者の力量では別の解釈も進められず、ひとまず通説に従って「甲府の役人」と理解することにした。

ところが後になって『甲府市史　史料編』および歴史学者・笹本正治氏の武田信玄

の評伝を見てみると、ここを「甲《（申）》待人」と翻刻されていた。読み下しは「申待ち人」で、笹本氏は「庚申待ち（庚申の夜、仏教では帝釈天および青面金剛を、神道では猿田彦を祀って、寝ないで徹夜する。この夜に寝ると、人身中にいる三尸《さんし》が罪を上帝に告げるとも、命を縮めるともいう）」と説明している（笹本正治『武田信玄―芳声天下に伝わり仁道寰中に鳴る』ミネルヴァ書房）。

つまり「申待人」というのは、「庚申講《こうしんこう》（庚申待《こうしんまち》）」を受けている人々のことと解釈しているのである。

通説は、晴信の書いた誓詞を天文十五年（一五四六）のものとするが、日付にある七月十五日が同年ならば、ちょうど庚申の日にあたるので、整合性が取れることになる。もっとも似たところで「甲待《きのえまち》（甲子待《きのえねまち》）」という習俗もあり、こちらは六十日に一度くるものである。この場合、年次の特定は困難である。

いずれにせよ、「甲役人」が無関係ということになると、この内容も人目を気にしていたものとは考えにくくなってくる。

その場合、浮上してくるのは、管理の問題である。ここで晴信（または源五郎）は、甲役人の監視を逃れるためではなく、申待人の衆を寝かせないよう努めていて多忙なため、牛玉宝印を用いる余裕がなかったと言っているのではないか。

どういうことか、ひとつずつ説明していこう。

誓詞の登場人物比定

はじめに誓詞の登場人物から再確認していきたい。

まず「源助」と「弥七郎」は、ともに苗字を略されている。中世文書《もんじょ》に登場する男性の苗字が一切記されていない場合、対象は、文書に登場する重要人物と同族であるか、差出人と同じ苗字であることが一般的である。

とりあえず源助と弥七郎は共通の苗字を持つ別の一族だったと仮定できるだろう。

差出人の「源助」は、元の苗字を削られ、「春日」と書き加えられている。これについてかつての筆者は「源助」の苗字が全くの別のものである可能性を想定していたが、改めて考え直してみると、冗談にしても妥当ではないものと反省せざるを得ないのではないかと思い至るようになった。もし後世の何者かが、「春日」に書き換えたのだとして、適切な動機を導き出せないからである。

この誓詞が書かれてから数十年以上経過してから、宛名を「春日」にしたいと考える人の動機を想像してみよう。

その場合、春日一族を顕彰したい、または侮辱したいという二つの可能性が考えられる。

ひとまず前者はあり得ないだろう。この文書は武功に報いる感状のような名誉の文書ではない。それどころか男色の言い訳をした起請文に見えてしまう代物である。そこに「春日」と書き入れて、顕彰に繋がる利点などないはずだ。

ついで後者はどうだろうか。「春日」一族を貶めたいと考えるような人物はいないはずである。少なくとも江戸時代の武田家ゆかりの武士や軍学者にとって、『甲陽軍鑑』を遺した春日氏に対しては感謝の一念しかあるまい。

もし春日虎綱と、甥の惣次郎が『甲陽軍鑑』を書き残していなかったら、江戸時代の武士たちが見上げていた武田流軍学は成立していない。すると武田家ゆかりの牢人たちも仕官先に恵まれなかっただろう。この文書が武田遺臣（源助の一族）から第三者の手に渡っていたとしても、信玄公の署名がある文書を、悪意や出来心で改変することは、ないであろう。ゴッホの絵や空海の書に落書きをするようなものだからである。

もし本気で宛先を偽装したいなら、もとの文字を削り取って不自然さを残すのは下策である。実物を見ればそんな作為は簡単に見抜かれてしまうからだ。

するとこれは、隠すつもりのない書き換えと解釈するのが妥当ではなかろうか。

筆者は、ここにはもともと「春日」庶流の苗字が書かれていたが、なんらかの事情があってこれを正すべく、あえて「春日」の二字を書き加えたと考える。

その理由を述べていこう。

春日源五郎と某源助と某弥七郎の関係

晴信が若き頃、「春日大隅《おおすみ》とて甲州伊沢《(石和)》の大百姓」の息子が「幼少にて親大隅と離」れたあと、「姉むこ」に「田地」の訴訟に負けて、とても苦しい立場に置かれた。これが少年期の「春日源五郎」こと虎綱である（『甲陽軍鑑』品第五）。

大百姓の幼い息子が父親のもとを離れたということは、養子に出されたのだろう。近世軍記『甲越軍記』によると、男子に恵まれなかった春日大隅（もと井沢五郎信種家臣）は、娘に婿（某宗右衛門）を取らせて家督を譲ることにした。ところが思わず源五郎が生まれてしまったため、外に出すことにしたという。大隅死後、源五郎は姉婿に遺産の分配を求めたが、敗訴して何も貰えなかった。

事態を憐れに思った晴信はこの少年・源五郎を〝奉公人〟として召し抱えることにした。

奉公人とは、主君の生活に関わる雑用を請け負う従者のことである。通常、家臣や領民から差し出されるもので、そこには「人質」の側面がある。虎綱にも差し出した主体があったと思われる。

この文書に「春日」の加筆があること、源五郎が「春日」であること、「源助」と「源五郎」の両方に「源」の文字があることを考慮すると、「源助」は源五郎（この誓詞には登場しない）の義父で、弥七郎の実父と仮定するのが適切であろうか。

つまり二人とも春日虎綱と同族である。

幼少期の源五郎を引き取ったのが、この某「源助」であろう。

源五郎が出仕することになったのは、「源助」が主体となって働きかけた結果だろう。出仕したのは「春日源五郎」だけでなく、義弟の「弥七郎」も一緒であった。

某「源助」は弥七郎の実父、某「弥七郎」は源助の実子で、虎綱は源助の養子、弥七郎の義兄である。

源助と弥七郎の苗字ともに「春日」

百姓は住地に基づく苗字を名乗る傾向が強く、源助は「春日」ではなく別の苗字を名乗っていたことと思う。

この文書の宛名もその地名が記されていた（または空白だった）のではなかろうか。

これを見た晴信は、源助が虎綱を保護してきた経緯に配慮して、あえて「春日」と書き直すことで、あなたたちに「別して知音」の思いがあることを強調した。

虎綱は「十六」歳の若さで晴信のもとに出仕してから、わずか「卅《さんじゅう》」日の内に近習」に取り立てられていた。百姓から士分になった出世頭である。

晴信は、虎綱の保護者であった源助を「春日源助」と呼ぶことによって、源助を士分格に準ずる姿勢を見せたものと思われる。

このように登場人物を整理すると、誓詞の内容をどう読み解くべきかが見えてくる。

誓詞が書かれた背景

父親を追放して政権交代を果たした晴信は、不安定な地盤を固めるため、自身に忠実な家臣を求めた。百姓出身の春日系一族もそういう経緯で奉公人に取り立てられたのだろう。

天文十五年（一五四六）七月、晴信のもとには、十九歳になる春日源五郎とより若き弥七郎がいた。

源五郎は周囲から「ほれ者（耄）」と馬鹿にされても、負けることなく奉公に努めてきた。

事件はそんな源五郎が甲府に出仕して三年目の「庚申待」の日に起きてしまう。

晴信は近習たちと一緒に寝ないで過ごすことになった。ところがこの日の夜、弥七郎が耐えがたい腹痛に襲われ、源助のもとに返された。急の事態に、晴信と虎綱は驚いた。

生死を問うほど深刻な事態ではなかっただろう。それでも庚申待の日であったから、源助は晴信たち年長者が弥七郎をうっかり眠らせてしまったのではないかと疑問を抱いた。

そこで晴信は、こちらに不手際があったわけではないと天地神明に懸けて説明しなければならないと考えた。

このように誓詞の解釈を進め直していくと、これが男色と関連する可能性はほとんどないものとなる。先入観を取り払った上で、一条目から三条目までの文意を見直していこう。

一、弥七郎には何度も「腹痛になるから眠らないように」と伝えましたが、理解されず、こんなことになってしまい、残念です。私は嘘をついていません。

二、弥七郎とは雑談して眠らせないように努めました。腹痛になる前にも眠らせていません。もちろん本日昼夜ともそんなことはなく、特に今夜は思いも寄らないことでした。

三、あなたとは特に仲良くしたいと思い、弥七郎のことを気を懸けていましたが、かえってお疑いを受けてしまい、とても困惑しています。

以上にひとつでも嘘があれば、神罰を受けるものとします。

〈追記〉本当なら私的に牛玉宝印を押した護符に書くべきところ、甲待ちの人が多くて用意できませんでしたので、とりあえず白紙で用意しました。明日にも改めて書き直します。

前回の意訳と読み比べてみれば、こちらの方が自然であることを理解してもらえると思う。

この誓詞は、庚申待の最中に弥七郎が腹痛に苦しみ始めたので、「今回の病因に、睡眠はなかった」と証言するためのものだ。晴信は源助から責任を問われないよう、神明に誓って説明責任を果たしたのである。

さて、この誓詞にはまだ裏がある。

行間に読む晴信の優しさ

読者諸兄姉の中には、「これが情けない男色の史料ではないという主張はわかった。だが晴信が責任逃れの言い訳をしている点は同じだ。やっぱり情けない人物である」と思われる人がおられるかもしれない。だが、言葉や手紙には、文面通りではない背景が隠れていることもある。

晴信は誓詞を用意すると、一条目でわざわざ「私は嘘をついていません」と書き記した。

これだけを見ると、「弥七郎が勝手に腹痛になってしまったのだ」と言い訳がましく見えるかもしれないが、大将たらんとする者がそんな見苦しい自己弁護をするべきではない。晴信がいくら若くてもそこまで先が読めないとは考えにくい。

武田晴信の気遣いを示す史料

大名自ら奉公人たちの生活や勤務を管理することはないだろうから、しかるべき家臣に委ねていただろう。弥七郎やその他若き奉公人の庚申待ちは、虎綱に任せていたのではなかろうか。

ところがその最中、弥七郎の身に異変が起き、百姓の源助は「責任者は誰だ。源五郎、お前か」と取り乱した。

このままだと源助は虎綱に「身の上を気の毒に思って引き取り、御屋形様のもとまで出仕させてやった。なのにお前は、庚申待ちの夜に我が弥七郎を眠らせてしまった。何を考えている」と詰め寄ってもおかしくない。

そこで虎綱は真実を伝える起請文を用意したが、晴信が「それはお前の責任ではない」として牛玉宝印の押してある原書を取り上げ、自らの手で書き直した。

御屋形様からの誓詞であれば、源助も文句はいえない。虎綱を恨むこともない。ここに事態は収束していく。そんな御屋形様の後ろ姿を見て、虎綱は武田家への忠誠心を高めていった。

そのように見直していくと、「武田信玄（晴信）の恥ずかしい言い訳」とされてきた誓詞は、「武田信玄が主君として近習を守った」史料として再評価する余地があるものと思う。

第二部　戦国武将と男色の実相

第四章　東国の戦国武将と男色

――武田・北条・長尾・今川・朝倉氏ほか

武勇で鳴る東国武将と男色

武田信玄と弥七郎の事件を見てきたので、ここからは奥州を除く東国、つまり関東甲信越および北陸・駿河《するが》における戦国武将の男色《なんしょく》について見ていこう。

[武田信玄] 御座を直した土屋昌続

信玄が興味を持ったのは弥七郎だけではなかった。金丸筑前守《かねまるちくぜんのかみ》こと土屋《つちや》虎義《とらよし》の次男である土屋昌続《まさつぐ》（一五四五〜七五）は、六人いる奥近習の一人だった。昌続には、忍術使いの加藤段蔵を斬り殺したという伝説がある。腕の立つ近習は頼りになる。だが信玄が買ったのは武芸の腕ばかりではなかったようだ（『甲陽軍鑑《こうようぐんかん》』品第四十三）。

平八郎（昌続）とて信玄公御座《おざ》を直し、其身《そのみ》十七歳にて川中島合戦に信玄公によく付き奉り、しかも心ばせよくして土屋に成さるる。二十二歳にて侍大将になり、二十八の年、右衛門尉《うえもんのじょう》に成さるる——。

平八郎昌続は信玄の「御座を直し」たという。「御座を直す」とか「御席を直す」

とは、主君がわざわざ出向いたという意味で、夜伽《よとぎ》を務める隠語としても使われた。慎重に読みたいところだが、『甲陽軍鑑』は「御座を直す」を隠語の方で多用しており（武田勝頼、北条氏康、徳川家康等。後述）、また、同書で御座を直したとされる小姓が、『信長公記《しんちょうこうき》』で主君の「若衆《わかしゅ》」だったと説明されていることからも、ここは素直に男色の奉公を務めたと読まざるを得ない。信玄と昌続は男色の知音《ちいん》を結んだようだ。昌続が十代の頃、すでに堅物の板垣信方《いたがきのぶかた》は他界しており、信玄も個人の趣味をとやかく言われる身分ではなくなっていた。誰からも咎《とが》めだてされることなく寵愛《ちょうあい》したものであろう。

なお、『甲陽軍鑑』には、稚児《ちご》・若衆について次の言及がある（品第十四）。

例えば、よき児《ちご》・若衆をどうしても欲しいと思うなら、その若衆の親類と親しくする（馳走する）ものだ。物をよく書を習わんと思う者は能書の人と親しくする。主君思いで、主君の用に立ちたいと考える者は、他の忠臣と親しくする――。

若衆として愛された昌続には兄弟が七人いて、この通り、揃って信玄に重用された。ただし、彼らが出世したのは男色のおかげばかりではない。一族に目立った武功があったから取り立てられたわけである。御座直しを務めた昌続は、上杉謙信との合戦で活躍し、徳川家康との合戦でも大剛の鳥居直忠《とりいなおただ》の首を獲るなど、大功を重ねている。他の土屋一族も相応の功績があったと見え、単なる依怙贔屓《えこひいき》で出世したとは言い難い。そもそも金丸氏は甲斐《かい》武田氏の庶流であるから、男色の関係などなくとも一族の出世はほぼ決まっていただろう。付け加えると、昌続の一族は、大内家の陶隆房《すえたかふさ》などと比べて注目されるほど出世してはいない。忠烈な昌続は信玄の病死に際して殉死《じゅんし》したいと考えたが、高坂に止められたという。三年後、長篠《ながしの》合戦で戦死した。享年三十一。

年増の寵臣・今井市郎

信玄との関係が直接的に書かれたのは土屋昌続だけではない。『甲陽軍鑑』はもう一人、天文《てんぶん》七年(一五三八)、御座を直させた今井市郎《いまいいちろう》の名を記している(品第十八)。

今井市郎、これはそのころ信玄公御座を直したる人にて、その年二十歳。晴信公に二つ年増しなり。

主君より年増の寵臣《ちょうしん》とは珍しいが、二十歳という若さが年齢の逆転を補ったのだろう。『武田三代軍記』は、市郎が信玄の密命を受けて今川義元《よしもと》のもとに出向き、信虎《のぶとら》追放の謀《はかりごと》を伝言したと記している。しかしその後、今井一族には武者奉行の顕職に就いた人物が見えるものの、市郎個人が出世を遂げた様子はない。睦《むつ》まじく親しみあってはいても、実力は買われなかったのだろう。

［武田勝頼］最期まで従った土屋昌恒

昌続の弟・金丸惣蔵（一五五六〜八二）もまた主君の寵愛を受けたとされる。ただし愛したのは信玄ではなく、その息子勝頼《かつより》（一五四六〜八二）である（『甲陽軍鑑』品第四十三）。

（土屋虎義五男は）金丸惣蔵と申して、勝頼公御座を直し候。

金丸惣蔵とは、のちの土屋昌恒《まさつね》で、「片手千人斬り」の武功譚が有名である。天正《てんしょう》十年（一五八二）、昌恒は、織田軍の攻勢から勝頼を守るため、崖沿いの細道に立ちはだかった。そして片手で藤蔓につかまりながら、押し寄せる敵兵を片手に握った自慢の太刀で、ばっさばっさと斬り倒したという。もっとも、「片手千人斬り」が描かれるのは江戸中期の軍記からであり、より古い『信長公記』を見ると、弓矢で奮戦したことしか記されていない（『信長公記』巻十五）。

勝頼の「若衆」土屋右衛門尉（昌恒）は弓を取ると、立て続けに矢を尽きるまで放ち、有能な武者を多く射倒した上で切腹した。高名《こうみよう》比類なき働きであった。

また、『甲陽軍鑑』（品第五十七）でも、昌恒の活躍は次のように記されている。

土屋（昌恒）が弓を射ると、敵が多いので無駄になる矢は一つもなかった。（中略）土屋は矢が尽きて刀を抜かんとする時、敵が六本の鑓《やり》で突いた。勝頼公は土屋の惨状を見かねたのか、走り寄り、左の御手にて鑓を払いのけ、六人までを突き斬り伏せた。

片手で戦ったのは昌恒ではなく、勝頼だったのである。勝頼はそのまま織田兵に討ち取られ、首を獲られた。伝説の「片手千人斬り」は主従の活躍が逆転している。なお、織田方の獲った勝頼の首は「昌恒の偽首《にせくび》」だったとの伝承もある。

勝頼の首はあとで信長が足蹴にしたとも言われるが、これがもし勝頼の首ではなく昌恒の偽首だったとすれば、その忠義たるや天晴《あっぱ》れと言うほかない。二代の主君に愛された土屋兄弟は、「畳の上の奉公」だけで仕えたのではなかった。

[北条氏康]「地黄八幡」の北条綱成

次に武田家と親しかった関東の覇者である北条《ほうじょう》家の男色について見てみよう。

北条家には「五色備《ごしきぞな》え」という軍装を同色で統一させた精鋭部隊があり、そのうち黄備《きぞな》えを担当する北条綱成《つなしげ》（一五一五～八七）は、黄地に八幡の字を大書させた軍旗を用いていた。綱成の武勇を知る敵方は、同旗を見るや顔色を強張《こわば》らせたという。

綱成は主君・北条氏康《うじやす》（一五一五～七一）からの信任が厚かったことでも知られる。主従の結束をよく伝えるのが、「河越《かわごえ》合戦」である。天文十五年（一五四六）、綱成が守備する河越城を関東中の大軍が取り囲んだ。その数、約八万に対し、河越城には数千の兵しかいなかったという。それでも綱成は主君を信じて、半年もの間、城で踏ん張った。

氏康は駿河今川氏との抗争でなかなか救援に向かえなかったが、今川氏に譲歩を重ねて和睦を取り付けると、手勢を率いて綱成の救援に急いだ。

だが氏康の兵はわずか八千。関東連合軍に太刀打ちするには厳しいものがあった。氏康は敵軍に使者を遣わし、「開城する代わりに綱成および城兵を助命されたい」と願い出た。ところが圧倒的優勢にある関東連合軍にこれを容れる理由はない。追い詰められた氏康は決死の勝負に出た。夜襲に出たのである。

予期しない反撃に連合軍は大混乱に陥った。しかもこれに綱成が「地黄八幡《じおうはちまん》」の旗を掲げて呼応、両将による挟撃は奇跡の勝利を呼び込んだ。見事な連携に、主従の理想を見ることができよう。しかし綱成は単なる家臣ではなかったと『甲陽軍鑑』（品第十三）は記す。

なかんずく御座を直したまう福島《くしま》殿は氏康公と同齢で、二十二歳でお側での奉公が許され、北条左衛門太夫《さえもんのだゆう》（綱成）と称することになった。この人は、四〜五十人の者よりも弓矢の鍛錬に懸命であった。その舎弟で福島辮千代《べんちよ》殿と言い、十六歳になるこの人もまた氏康公の御座を直された。彼も兄以上に只者ではないと思われる。

綱成と弟は、兄弟揃って氏康の御座直し――つまり夜のお務めを行ったというのである。そのおかげで福島氏だった兄は、主君と同じ氏を与えられたそうである。

同様の記述は武田方の軍記だけでなく、北条方の軍記にも見られる（『北条記』『異本小田原記』）。

生年十七なりける児《ちご》（綱成弟）、容儀候間、美麗にして氏康秘蔵の小姓——。

福島辮千世とて、生年十七歳になりける児、容儀骨柄美麗にして、氏康秘蔵の小姓なりける。

徳川幕府公式の歴史書における北条氏紹介もこれと変わりがない（『藩翰譜《はんかんふ》』）。

氏綱いまだ童なりし時、容顔殊《こと》に麗しく、又さる者（福島上総《かずさ》）の子なりければ、氏康の寵愛浅からず——。

いずれの史料も男色のおかげで一門に取り立てられたと受け止められる記述になっている。だが、多くの史料に書かれてあるからといって、それが真実とは限らない。

『藩翰譜』はそれまでの軍記類を参考にしており、北条方の軍記も『甲陽軍鑑』の影響下にあって、すべては『甲陽軍鑑』から広まった伝承である可能性を窺《うかが》うことができる。では、『甲陽軍鑑』における「御座を直し」の正当性はどうだろうか。

綱成が北条氏に改氏され、氏康との結束を固めた理由を考える場合、その前歴に説明を求めなければならない。綱成は元の氏を「くしま殿」といった。しかしこの「くしま殿」がどこの一族であるかは議論百出されており、確たる決着を見ていない。それは当時も同じであったらしく、なぜ綱成が出世したかの説明が必要とされた時、とりあえずの理由として男色が採用されたように思われる。

綱成は氏康の姉妹を正室に迎えており、二十二歳で嫡男を儲けているが、主君が自分の愛人に姉妹を授けたというのではあるまい。なぜなら綱成が婚姻した頃、北条家の実権を握っていたのは氏康ではなく、その父氏綱《うじつな》（一四八七～一五四一）だったからである。綱成は「綱」の一字を授かっているので、改氏および婚姻は氏綱の意向によるものと推測できる。異例の抜擢《ばってき》の背景として、これ以前に綱成あるいはその一族が、氏綱に対し大きな貢献をなした可能性を想定するのが自然に思われる。

おそらく父の代に何かしら重要な功を立てたのだろう。高澤等氏は、綱成の一族が敵方から北条氏へと転身した可能性を指摘している（「北条綱成の家系を探る」日本家紋研究会会長・高澤等ブログ『家紋の真実』二〇一二年一月二十二日付日記)。もしそうであれば「くしま殿」の一族が旧氏を棄て、主君の一門に加わったのもうなずける。少なくともとってつけたような「御座を直し」よりは合理的な説明となるであろう。

［北条氏直］若侍の暴言

さて、氏康の孫である北条氏直《うじなお》(一五六二～九一)の時代にも男色の逸話がある。出典は江戸時代の軍記『北条五代記』である。

天正十三年(一五八五)、北条氏直に田村民部《たむらみんぶ》という近習がいたが、彼の子で十二歳になる田村千松丸《せんまつまる》は容色類《たぐい》なく、心優しい少年だった。だが若き侍衆三人と集まって遊んでいる時、そのうちの陰山《かげやま》吉十郎から、お前は「すばりかはきたる」(「無心者」物ねだりのこと)だと言われ、恥辱に思った千松丸は、「楊枝《ようじ》をけずる」と小刀を借りると、腹を突き刺し、自害してしまった。これを見た吉十郎も「さても悲しい。戯れ事で言ったことでこんなことになるとは思いもよらなかった。面目ない」とその場で切腹してしまう。板垣三五郎と松井八助も「千松殿が自害したのは二人の思惑を恥じてのこと。生き残っては甲斐がない」と両人同じく切腹した。四人一度に切腹したのである。

叶わぬ恋を抱いて、若衆を「すばりかはき」と罵《ののし》るのは恥ずべきことであったとは、僧と児の恋物語を記した『秋の夜の長物語《ながものがたり》』にも見えるという。

主君の寵臣に道ならぬ懸想《けそう》をした吉十郎が、どうにもならない想いから暴言を吐いてしまったということだろうか。もっとも、四人同時に死んでしまったのに、なぜその最期が細かく伝えられたのかという単純な問題があり、作り話以外の可能性は考えられない。

同書(『北条五代記』)によればこの時代、関東の子供たちは、髪を輪のように曲げて頭頂に結い、幼名を称したという。彼らは九~十の頃から手習いとして山寺に入ると、まずお歯黒をさせられた。春は花の色香に触れ、秋は月に向かい、歌草子を詠《なが》め、人々と文を取り交わし、やさしき道をのみ心にかけた。湯浴《ゆあ》みをする時も白い脚布《きやふ》(女性物の下着)を腰に巻き、肌を見せまいとする恥じらいがあるべきだとされた。つまり稚児風の振る舞いが流行していたというのである。

同書は寛永《かんえい》十八年(一六四一)の成立で、北条氏が滅びてから約半世紀を経て書かれたものだけに、時代の風俗描写が真実を伝えているかどうかは慎重に見なければならない。

［長尾為景］黒田秀忠の出世の謎

今度は少し時代を遡って、武田氏のライバルだった上杉謙信の父長尾《ながお》為景《ためかげ》（一四八九～一五四二）の男色話を見てみよう。

天文十八年（一五四九）、越後《えちご》の上杉謙信は兄の長尾晴景《はるかげ》から家督を譲り受けると、反逆を繰り返す権臣《けんしん》黒田秀忠を滅ぼした。謙信が家督を継承したのは、病弱の晴景が秀忠を抑えきれないためだった。秀忠は『北越軍記《ほくえつぐんき》』をはじめとする軍記類によると、牢人出身の昭田常陸介《しょうだひたちのすけ》の息子であったというが、確かなことはわかっていない。

一介の流れ者に過ぎなかった黒田氏が、長尾一族相手に戦うことができたのは、それだけの基盤を国内に有していたからである。これを与えたのはほかでもない、晴景と謙信の父・長尾為景であった。

越前《えちぜん》から流れてきた牢人の常陸介は、文亀《ぶんき》年間（一五〇一～〇四）に、為景の奉公人となったという。普通ならそのまま少身の一家臣として生涯を終えただろう。しかし常陸介の長男・久三郎は「容貌美麗」な美少年であった。おかげで久三郎は「為景小姓」として「寵愛」されることになった。為景は専制的な戦国大名として内外に恐れられていた。そのため、久三郎との関係を咎《とが》めだてる勇者は現れなかった。

為景は久三郎に名族黒田氏の家督を継がせた。改氏した久三郎は名乗りを改め、黒田秀忠を称した。しかもこの時、父の常陸介もまた所領を与えられ、秀忠の一族は「威勢もっとも甚し」と言われるほどの栄華を誇った。

彼らは為景の本貫地である三条城まで預けられたというのだから、大変な権勢を見せたわけである。為景没後、反逆した秀忠が、長尾一族と渡り合えたのは、為景から与えられた基盤によるところが大であった。

もちろんこれは軍記の語ることであるから、本当に秀忠が男色の寵で出世したかどうかはわからない。常陸介もかつて越前で半国を持っていたと書かれるが、該当する人物は他のどの史料にも確認されていない。実在が疑われるのである。

外様の奸臣《かんしん》が成りあがった理由として、男色がアリバイにされたようにも思われる。秀忠は謙信のデビューを語る上で欠かせない重要な人物だが、確かな史料では逆心を繰り返し、一族皆殺しにされたことぐらいしかわかっていない。秀忠がどういう経歴の持ち主であったかを示す史料がなかったため、軍記作者が想像力で補ったと考えるのが妥当であるように思う。

なお、『北越軍記』は、上杉家遺臣を称する軍学者が自己宣伝のために書いたもので、脚色が多く評価は芳しくない。扱いには注意を要する。

［上杉謙信］屈折した残酷な愛情

次いで上杉謙信（一五三〇〜七八）の男色についても見ていこう。謙信は生涯不犯《ふぼん》として知られる。

宗教上の理由によるとも言われるが、若い時からしかるべき後継者（ただし幾度も変更された）がいたため、生殖行為を避けていた（伊東潤・乃至政彦『関東戦国史と御館の乱』）。だが、性欲の解消として男色に向かうことは後継問題に抵触しないため、小姓と性的な関係を持っても問題がない。ところが意外なことに、謙信が男色を嗜《たしな》んだとする史料は見出せず、周辺大名の男色によく目を向けている『甲陽軍鑑』にもそれらしい記述がない。

元禄《げんろく》三年（一六九〇）の『土芥寇讎記《どかいこうしゆうき》』においては、男色女色《じよしよく》ともに一切の性欲を遠ざけた武将とされている。男色好きと語られがちな人物像は、実は史料的な根拠に乏しく、印象論によるところが大きい。

だが、そうした印象を裏付ける史料がないわけではない。軍記『松隣夜話《しようりんやわ》』には、小姓《こしよう》に対する屈折した愛情話が描かれている。ただし同書では小姓だけでなく、美貌の女性に恋愛感情を抱く逸話も複数見えており、男色一筋だったという証拠にはならない。信憑性はともかくとして、内容を紹介しよう。

永禄《えいろく》八年（一五六五）七月、上杉家の重臣である柿崎景家《かきざきかげいえ》と北条高広《きたじょうたかひろ》が、武田衆の守る上州《じょうしゅう》和田城を攻めた。この合戦で「青沼新九郎」という「謙信寵愛の小姓」が鉄砲に撃たれて負傷し、翌日、前橋で死亡したという。新九郎は、高広の与力である青沼勘兵衛三男だったが、無届けで休暇を取って六月から父のもとにいたらしい。

佐渡庄内《しょうない》に出馬していた謙信は、八月上旬、帰国してすぐに新九郎の戦死を知らされた。すると謙信は、悲報に涙するどころか無断で他国に長期逗留《とうりゅう》したことで「大に怒り」を見せたという。そして青沼の一族をことごとく追放すると、堀に埋葬された新九郎の屍《しかばね》を引き出させ、首を斬って獄門にかけてしまった。むごい仕打ちである。

話には続きがある。どういうわけか謙信はこの後すぐ、高広の甥《おい》で、伊豆守《いずのかみ》の弟である「水右衛門《すいうえもん》」という二十二、三歳の「若く清げなる侍」に急ぎ越後へ戻るよう命じた。呼び出された水右衛門は「御不断御居間」（関係者以外立ち入り禁止の部屋）に参上する。水右衛門が御前に進み出ると、恐ろしいことが起こった。謙信が「例の国《くに》吉《よし》二尺九寸」でもって袈裟懸《けさが》けに斬りつけたのである。もちろん即死であった。

仕置きの理由は書かれていないが、こう読み取れる。まず、新九郎は謙信が佐渡に行って留守の間に、恋人であろう水右衛門のもとに逢いに行った。すると水右衛門は関東に駐在する北条高広に率いられ、合戦に出ることになった。新九郎も従ったが、不幸にも敵の銃弾に斃《たお》れてしまった。帰国した謙信は真相を知らされると、「二人とも人の目を盗んで、こそこそと逢いやがって!」と怒りをぶつけた――。

もっとも、書かれてもいない男色を勝手に想像するのは気が引けるので別の解釈も示しておくと、信長が秀吉を気に入っていたように、謙信は気の利く新九郎が好きだった。だが、新九郎は留守の間に役目を離れ、無断で勝手な働きをした。こういう裏切りは謙信が何より嫌うところであった。単純にそれだけの話なのかもしれない。

水右衛門の誅殺も、『松隣夜話』は何らかの「密事」があったからではと推測しているが、新九郎と関係があったようにはされておらず、安易に男色と結びつけるのは危険かもしれない。

異性との恋愛話

同書には新九郎への寵愛ばかりでなく、女性に恋心を抱いた逸話も記されているが、新九郎の話と似通ったところがあるのでこちらも簡単に紹介しておこう。

ひとつは土佐佐保《とささほ》という侍の娘に対する恋慕の話である。謙信はこの若い侍女がお気に入りで、いつも屋敷に置いていた。だがある時、若い侍女は里帰りを願い出た。謙信は侍女に「期日には、ちゃんと戻ってくるのだぞ」と固く申し聞かせた。ところが思わぬことが起こった。期日が過ぎても侍女は戻らなかったのである。謙信は不快に思った。

「これまで里帰りの申し出を断ったことなどないのに、なぜ戻ってこないのだ」

震え上がった取次《とりつぎ》は侍女に飛脚を遣わし、再三に言い聞かせたが、それでも帰る気配がなかった。御屋形様のお気に入りだから——という思い上がりがあったのだろうか。

しかし謙信は甘くなかった。侍女を強制的に呼び出すと、家臣の手で「御前に於いて成敗」させてしまったのである。同書によると当時の上杉家では死刑が少なく、他国と比べても二〜三割ほどしかなかったそうだが、謙信は好意を抱いた相手が思い通り動いてくれないと我慢ならない性格で、この侍女の振る舞いを許さなかった。話を聞いた関東の太田《おおた》資正《すけまさ》は、「謙信公は十のうち、八は大賢人だが、二は大悪人だ」と評している。

異性との恋愛話はこれだけではない。ある時、謙信は伊勢姫という「無双の女房」に「限りなく悦をしたり」というほど惚れ込んだ。ところが都合の悪いことに、伊勢姫は敵将の娘であった。事態を憂えた重臣の柿崎景家は、二人の仲を裂くよう働きかけ、伊勢姫は若くして出家を余儀なくされてしまった。ほどなくして姫は病死し、これを聞いた謙信もひどく体調を崩したという。有名な悲恋話だが、またしても残虐な落ちがついてくる。景家を恨んだ謙信が、些細なことで柿崎一族を粛清《しゅくせい》してしまったというのである。

さて、新九郎と侍女と伊勢姫の物語を立て続けに見てきたが、どれも謙信の信頼を裏切る者がいて、事実が判明すると残酷な報復がなされる形に定型化されている。成立時期が不明とされる『松隣夜話』は、越後からではなく関東からの視点で謙信を描いている。これは、実は他の謙信一代記にない特徴である。同書では謙信が刀を振り回す場面で「例の国吉」「例の太刀」という表現が見える。

他の軍記で「国吉」を使う状景はなく、生の姿を見聞きした同時代人に共有される記憶に依存した表現と見られる。『松隣夜話』というタイトルと内容から見るに、これは戦国期の上野《こうずけ》の国人《こくじん》で武田家や上杉家に属したことのある小林松隣斎《しょうりんさい》（天正期末に死去）の筆による軍記であろうと思う。

謙信は、信濃や関東で庇護に置く領主らが敵軍に脅かされると、繰り返し救援に駆け付けたが、現地の将士に裏切られることも多かった。これに憤って暴虐な態度を見せることもしばしばあった。

してみると『松隣夜話』における残酷な片想いに終わる悲恋話には、虎の尾を踏まれた時の謙信がどれだけ危険だったかを、譬え話にして伝え残そうとする軍記作者の心証があったように思われる。究極的には、謙信に賢人と悪人の両面があるという太田資正の評を導き出すことを目的としているのではなかろうか。

事実はどうあれ、いずれも謙信が恋愛に恵まれなかった事実なくして成立しない逸話である。生涯不犯の伝説は、当時から有名だったのであろう。

越中からの美しき刺客

そんな恋愛運最悪の謙信に甘い魔の手が伸びる。ハニートラップである。女性を遠ざけているところに目を付けられ、「みめかたち優なる」美少年が送り込まれた。氏家幹人氏は美少年を使ったハニートラップを「戦術としての男色」と称している。

為景と秀忠の逸話も見える軍記『北越軍記』によると、永禄年間(一五五八～七〇)の初期頃、越中国《えつちゆうのくに》を席巻する神保長職《じんぼうながもと》が「容色美麗」な「高木左伝次という小姓」を牢人にしたて、越後の府内に派遣した。目的はただひとつ、謙信の暗殺である。左伝次は謙信を刺殺すれば父五兵衛の出世を約束すると言われており、苦労して謙信のもとに近づいた。しかしどういう眼力によるものだろうか、謙信は一目見て「只者ではない」と見抜いたという。左伝次は柿崎景家に預けられると、ほどなくして正体が判明し、「誅殺」されたという。謙信には色仕掛けなど通用しなかったという落ちである。

同様の話は『謙信家記』にも見えるが、別の軍記では謙信の器量がグレードアップされていて、暗殺者の正体を自身で見抜き、心がけを褒めた上で、金子《きんす》を与えて帰国させてやっている。いきすぎた美談であり、史実としては受け止められない。

それにしても、軍記史料に散見する他国へのハニートラップだが、物慣れない少年児童を単身で放り込み、なんのツテもないのに「大名に奉公して暗殺しろ」などと命じることが本当にあったのだろうか。筆者には、机上でしかなしえない空想の戦術に思えてならない。

「容貌佳麗」な河田長親

河田《かわだ》長親《ながちか》（?～一五八一）は謙信に重用された側近で、のちには越中魚津《うおづ》城を預けられた。上杉家の正史『上杉家御年譜』には、仕官を許された理由が「容貌佳麗」だったためとあり、謙信と男色の関係にあった可能性が指摘されている。

同書によると、永禄二年（一五五九）九月七日、上洛中の謙信は近江《おうみ》坂本の宿所を出て、日吉《ひえ》山王権現《さんのうごんげん》に詣でた時、一人の少年に目がとまった。「容貌佳麗」で、「凡卑の者」には見えなかったという。声をかけてみると、祖先は名のある武家であったが、いまは落ちぶれて「農家」になっているとのことであった。只者でないことを見抜いた謙信は、少年を召し抱えた。元服した少年は河田長親と名乗り、異例の出世を遂げていった。

以上が『上杉家御年譜』に見える長親の仕官話で、謙信に気に入られて越後に連れ帰られたのは事実である。だが、当時の河田氏は「農家」ではなく、将軍家と親密な近江六角《ろっかく》氏の側近であった。上洛中の謙信は、将軍家に敵対する畿内の大名を打倒するため、共闘の密約を六角氏と結んだ。長親を召し抱えたのは、計画の布石にあろう。だが計画は破れ、将軍足利義輝《よしてる》は無惨にも殺されてしまう。謙信の策が裏目に出て、長親を連れ帰った理由も明かせなくなった。こうした事情から正確な歴史が伝えられなくなり、後付けの説明が公式記録に書かれることになってしまったのであろう。

謙信と長親の間に男色を疑わせる史料は『上杉家御年譜』のほかに見られないが、長親が美少年だったとする伝承はその後独り歩きすることとなり、栗原柳庵《くりはらりゅうあん》が安永年間（一七七二〜八一）に編纂した『真書太閤記《しんしょたいこうき》』に次の逸話が記されている。

長親の美童伝説

ここでの長親は、駿河《するが》今川家の小姓として登場する。意表を突いた設定である。長親は今川義元《よしもと》（一五一九〜六〇）の兄である玄広恵探《げんこうえたん》（一五一七〜三六）に仕えていた。それがある日、「眉目美しき少人」ぶりにより、義元の近習である菅西角兵衛《すがにしかくべえ》に懸想されてしまった。しかしいくら言い寄られても長親は返事をしなかった。腹を立てた角兵衛は、なぜかこれを長親の主人恵探のせいだと考え、義元に「兄上様が逆心を抱いています」と讒言《ざんげん》し、両者の間で合戦を起こさせた。

結果、義元が勝利し、恵探は殺されてしまう。主人を失った長親は戦後、主人の仇である角兵衛を討ち取った。だが、義元の近習を殺害した以上、もう駿河にはいられない。出奔した長親は、越後の吉江《よしえ》喜四郎と出会い、「深く断袖《だんしゅう》の交り」を結び、喜四郎に誘われるまま、越後の大名の長尾為景に仕えた。これが天文五年（一五三六）のことだという。

だが実際の長親は、永禄二年（一五五九）の段階で十代の少年だったわけで、駿河今川家の内訌《ないこう》があった頃は、まだ生まれてすらいなかった。ところが『真書太閤記』が言うには、長親が晩年越中《えっちゅう》で目覚ましい奮戦を見せたのは上杉武士だからではなく、共に戦った喜四郎の存在の賜物だという。これを読ませるためだけに前歴を創作したのである。

江戸時代も後期になると、軍記の記述も史実との整合性云々よりも、どれだけ起伏に富むドラマになるかにウェイトが占められてしまう好例（？）である。

［足利義輝］剣豪将軍の若衆遊び

上杉謙信が河田長親を越後に連れ帰った動機が、中央との手筋を確保する政略の一環にあったことは先に述べたが、その謙信が崇敬し、支援を惜しまなかった将軍足利義輝（一五三六〜六五）は、なかなかの若衆好きであった。

例えば、天和《てんな》四年（一六八四）成立の地誌『雍州府志《ようしゆうふし》』巻八には「松井佐渡守《さどのかみ》者《は》、光源院義輝公之寵童《ちようどう》」とある。松井佐渡守康之《やすゆき》（一五五〇〜一六一二）が、義輝の寵愛を受けたというのである。康之はその後、足利義昭《よしあき》や細川幽斎《ゆうさい》へと奉公先を変え、勝ち組の人生を歩んでいる。いずれも若衆趣味に理解があったとされる主君である。

これ以上の邪推は留め置くが、青年時代の義輝が若衆好きだったのは事実である（永禄二年・近衛《このえ》前嗣《さきつぐ》書状）。

　この間はたびたび御出候《おいでそうろう》て、きやもし（＝華文字。華奢《きやしや》の意味）なる若衆数多《あまた》あつめ候て、大酒までにて、たびたび夜をあかし申候、少弼《しようひつ》（謙信）は若もし（文字）数奇のよし承り及び候。

義輝が華奢な若衆を大勢集めて、朝まで酒宴を楽しんだことが書かれてある。関白近衛前久《さきひさ》（当時は前嗣・一五三六〜一六一二）と将軍足利義輝はごく近しい親戚であった。義輝の実母は近衛氏で、正室も前久の姉妹だったのである。二人とも当時将軍家を圧迫していた三好・松永の専横を嫌い、幕府政治の回復を望んでいた。密談の舞台か憂《う》さ晴らしの放談であろうか、若衆を集めて酒宴を張った。ここで彼らは越後の上杉謙信が「若衆好きであるらしい」と噂して、仲間に連れ込みたいとも語り合った。

義輝もまた歴代の足利将軍同様、若衆遊びが好きだったようだが、気になるのは華奢な若衆たちをどうやって調達したのかということである。小姓衆からかき集めたのか、それとも若衆を貸し出してくれる性的な機関があったのだろうか。

後述する島津《しまづ》義久《よしひさ》と前久の交流から推察するに、寺院から呼び寄せられた少年たちだったと考えるのが妥当であるかもしれない。凋落《ちようらく》していたとはいえ、将軍家は趣味道楽を楽しむに申し分ない生活基盤を持っていたようである。

［今川氏真］ 惨殺された寵臣・三浦右衛門

桶狭間《おけはざま》で父を討たれた駿河の今川氏真《うじざね》（一五三八～一六一五）は、その後同盟国であったはずの武田信玄に攻められて国を失った。いわゆる「負け組」の武将である。当然ながら戦国大名としての評価は低い。

『甲陽軍鑑』は、堕落により没落した名家として「西国にて大内義隆、関東にて上杉憲政、扨《さて》は今川氏真也」を並べている（品第三十三）。今川家を大内家同様、武勇を軽視する昔風の大名として蔑《さげず》んだのである。

同書は、「町人半分・侍半分の者」であった三浦右衛門という人物が「氏真の御座を直」したことで、「氏真の出頭人」にまで出世したことも、今川家の汚点として痛烈に批判している（品第三十二）。

氏真は右衛門の言うままになり、例えば右衛門が「夏の踊りが見たい」と言えば真冬でも踊りを催し、「五月の菖蒲《しょうぶ》斬り」を望めば七月末まで菖蒲合戦をさせたという。しかも右衛門は「能・猿楽《さるがく》・遊山・月見・花見・歌・茶ノ湯・川漁・舟遊」といった遊びに明け暮れ、民百姓につらくあたり、今川の親族や家老にも頭を下げなかったの

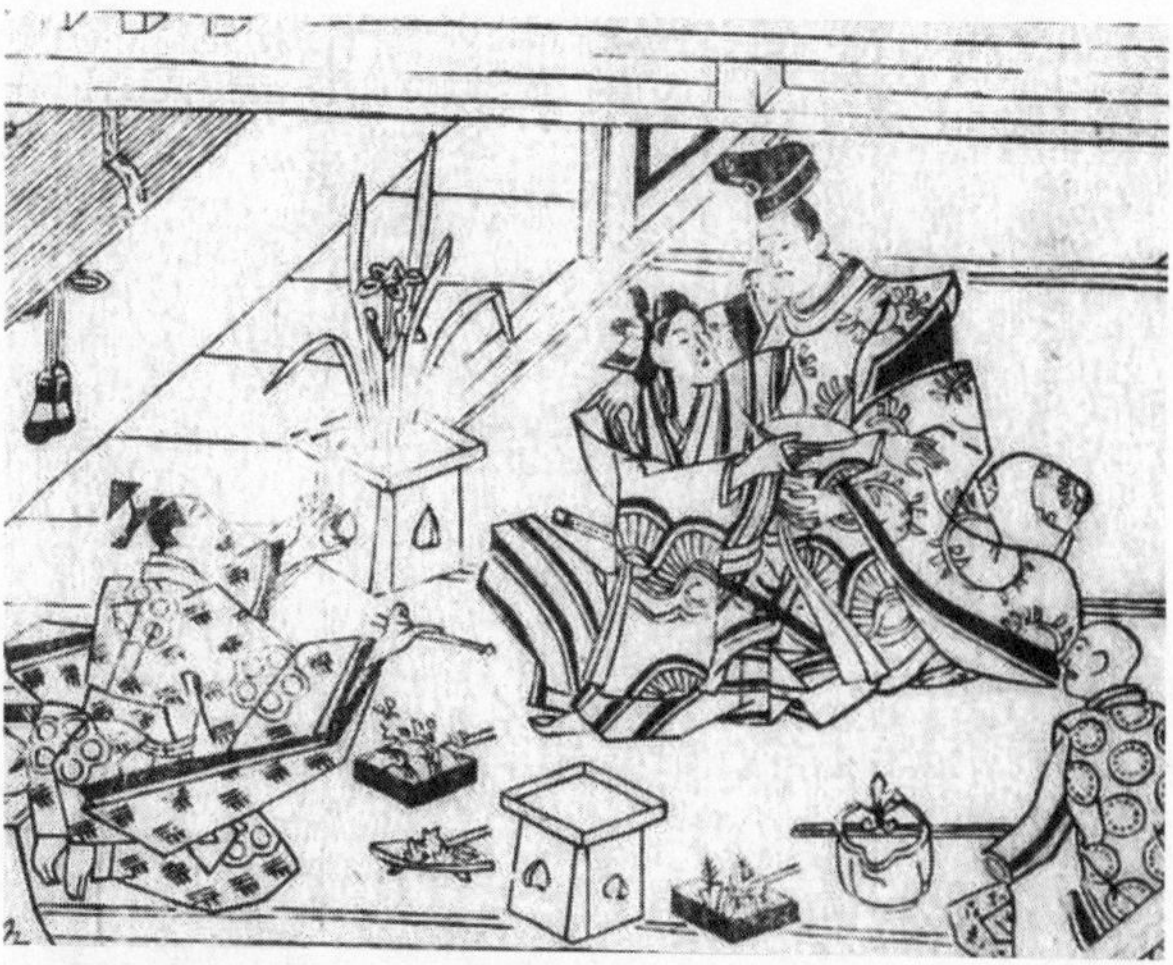

三浦右衛門を寵愛する今川氏真（『狗張子』巻之五）

で、家中の恨みを一身に集めた。

だが、その権勢も長くは続かなかった。信玄が侵攻すると、右衛門は主君を捨てて出奔し、逃亡先で殺されてしまったのである。最後まで氏真を守護したのは右衛門の最盛期に冷遇された忠臣たちであった。

三浦右衛門は実在の人物で、もとの名を武（無）藤新三郎といった。駿河花沢《はなざわ》城主・大原備前守《びぜんのかみ》の子である。それが三浦次郎右衛門の養子となり、右衛門と改称した。遠江・高《たか》天神《てんじん》城の小笠原長忠《ながただ》を頼るが、父と共に殺されている。『甲陽軍鑑』は史実の経歴に従って無類の佞臣《ねいしん》に仕立てたようである。

右衛門の哀れな最期は、元禄五年(一六九二)の仮名草子『狗張子《いぬはりこ》』(浅井了意《りょうい》)巻之五「今川氏真没落附三浦右衛門最後」で、より無惨に脚色されている。

武田軍の侵攻で、氏真は掛川に籠城を余儀なくされたが、主君のもとにいることに不安を覚えた右衛門は単身、逃亡を試みた。そこまでは『甲陽軍鑑』の記述とさして変わらない。道中、日頃から怨みを溜めていた百姓に衣類を剝がれ、なんとか旧知である三河《ママ》・高天神城の小笠原輿八郎のもとにたどりついた。

輿八郎ははじめ歓待して大小まで与えたが、氏真が小田原に逃げたと知ると心変わりし、右衛門を生け捕りにしてしまう。右衛門が涙を流して命乞いすると、「耳鼻を削がれても命が惜しいか」と問われ、「命が惜しい」と素直に答えたが、笑われながらついに首をはねられたという。

輿八郎もなかなかの卑怯者のようだが、一方的に詰められて命を落とした右衛門も少し気の毒である。のちに同情した菊池寛が「三浦右衛門の最後」と題する弁護的な小説を書いている。

[越前朝倉家] 念友同士の討ち死

同じく『狗張子』巻之五に「男郎花《おとこえにし》」と題される逸話が見える。

舞台は越前の朝倉《あさくら》家である。当主朝倉義景《よしかげ》（一五三三～七三）の小姓である小石《こいし》弥三郎は「顔かたち世にすぐれ、知恵かしこく、心だて物しづかに情の色深く、愛らしき者」であったため、周囲はみな愛おしく思ったという。やがて弥三郎は足軽大将の洲河《すがわ》藤蔵という者と相思相愛になったらしい。「忍ぶ恋」をしたのである。しかし気持ちは触れあっても、人目をはばかり、なかなか逢えずにいた。藤蔵は慕情をこめた歌を詠《よ》みあげ、弥三郎に送り付けた。

蘆垣《あしがき》の　まぢかき中に君はあれど　忍心《しのぶこころ》や隔《へだて》なるらん

近くにいても、忍ぶ心が二人を遠ざけてしまいます――。そう言われた弥三郎は、

人のため　人め忍ぶもくるしきや　身独《ひと》りならぬ身をいかにせん

と返した。あなたのために人目を忍ぶのは苦しいことです。私の身体はもう私だけのものではないので――。弥三郎の心優しい返歌に藤蔵の想いは募るばかりだった。

いかにせん　恋ははてなきみちのく（陸奥）の　忍ぶ計《ばかり》にあはでやみなば

もらさじと　つゝむ袂《たもと》のうつり香を　しばし我身に残すともがな

どうしたものでしょう。遠くて陸奥にいるような寂しい恋です。忍ぶばかりで逢わずにいます。袂に残ったあなたの香りがひとときでも私の身に残るのを望んでいます——。弥三郎の心は一気に燃え上がり、その夜には藤蔵と忍び逢った。千年の想いを一夜のうちに語り明かすと、名残惜しくも朝に別れた。藤蔵は切ない想いをこう詠んだ。

ほどもなく　身にあまりぬる心ちして　をき所《どころ》なき今朝の別れぢ

身に余るような幸せをどうしたらいいのかと思う、今朝の別れ路であることよ——。

これに弥三郎の返歌があった。

別れゆく　心の底をくらべばや　帰るたもとゝとまる枕と

別れる二人の心を比べ合いたい。帰るあなたの袂、残された私の枕――。

こうして愛を確かめあった二人だったが、次の約束をしなかった。なぜならこの乱世では、いつどのようなことが起こるかわからない。もし約束通り逢えなかったら、疑心暗鬼を招きかねない。明日をも知れぬ戦国武士ならではの切なさであった。

果たせるかな、翌日には合戦があり、藤蔵と弥三郎は出陣を余儀なくされた。戦場は「臼井峠《うすい》」。敵は精強で鳴る武田軍であった。激戦の最中、州河藤蔵は討ち死にしてしまう。これを見た弥三郎は心を取り乱し、軍法を無視して「命、生きても何せん」と旗本から単騎で駆け出した。傍輩《ほうばい》も止めることができない。果たして弥三郎は藤蔵の跡を追った。

戦後、二人の遺体は回収され、同じ塚に葬られた。「忍ぶ恋」であったのに、家中で二人の仲を知らない者はなかったのである。その後、塚からは名も知れない草が生え、夏には花を咲かせた。「男郎花」と呼ばれる珍しい花であった。「二人の愛のしるしであろう」と、人々が根を分けて庭に植えたので、この草は世に増えたという――。

およそこういう話であるが、ほかの男色話と違って終始美談となっているのが異質である。もちろん史実ではない。ここに見られる和歌は、ほとんど古典からの転用であるし、越前の朝倉軍が戦ったことがあるのは若狭《わかさ》武田軍で、「臼井峠」（関東碓氷《うすい》峠）を戦場にして甲斐武田軍と戦ったことはなかった。臼井峠（中世には碓氷峠は臼井峠ともいった）も越前から一日で行ける地ではなかった。

おとぎ話の舞台に戦国時代が使われただけ、と見ていいだろう。

なお、同字の「男郎花《おとこえし》」という植物は、八月から十月にかけて白い小花を咲かせる多年草として知られる。花言葉は「野性味」であるという。

［関東上杉家］上杉憲政の家臣・掃部新五郎

もうひとつ、『狗張子』巻之五の「掃部《かもん》新五郎遁世《とんせ》捨身《しやしん》」から拾いだしてみよう。

関東管領《かんれい》の上杉憲政の家臣・掃部新五郎は、能筆で歌道を好み、風情を知る武士《もののふ》だった。しかし、「わが心にかなう人があれば、よく語らった上で契りを結び、のちの世までも想い離れぬ志を遂げたい」と理想的な恋愛を夢見て、独身を通してきた。

それがある日、古河（原文では久我）の名草《なぐさ》徳太夫という情緒の深い人物と知り合った。彼には十四歳になる徳之丞《じよう》という息子がいたが、田舎の出身であるのに、「眉目うつくしく、そだちあがり心ざま優に、立ふるまひいやしからず」という気品で優雅な少年だった。

慕情を抱いた新五郎は、縁を求め、首尾よく書道の指南となることができた。徳之丞も熱心に学ぶので、四書五経《ししょごきょう》の伝授まで指導することになった。父の徳太夫はこれを喜び、新五郎を「脾臓（秘蔵）の客」として家族のようにもてなした。
やがて月日が流れていく。二人は親しく語りあう仲となり、歌を通じて心を伝えあうほどになった。ある時、新五郎は軒下に「忍」（垣衣《かべのこけ》）という草が生えているのを見つけ、次の歌を詠んだ。

ことの葉に　出てはいはじ軒におふる　忍ぶ計《ばかり》は草の名もうし《憂》

言葉にはできないこの想い。軒に生える、忍ぶだけの草の名を想うだけで哀しい――。これを受けた徳之丞は胸を打たれるものがあったのか、すぐに次の二首を返した。

我もかく　人も忍ひていはぬまの　つもる月日をなどかこつらん
ことの葉の　末の松山いかならん　波のしたにも我は頼まん

私もかの人も忍んで言わずに月日を過ごしてきました。言葉を交わしてしまったとして、そのあと何があっても自分はいいと思っています――。このようにして二人は想いを通じあい、そして契りを結んだ。しかし徳之丞は十七歳の年、卯月《うづき》（陰暦四月）のはじめより病がちになってしまい、しかも一向に良くなる気配を見せなかった。心配した新五郎は懸命に看病し、様々に手を尽くしたものの、投薬も神頼みも効果がなく、病は重くなる一方だった。もはやどうすることもできない――家族が悲嘆していると、病床の徳之丞は苦しげに起き上がり、新五郎の手を取って一首詠《よ》みあげた。

すゑの露《つゆ》　浅茅《あさぢ》がもとを思ひやる　我身ひとつの秋の村雨

露が低いところにしたたり、その先で浅茅は露がどこから来たのかに思いを巡らせる。死んでいく順番を惜しんでも切ないだけです。秋のにわか雨に濡れるのは私一人のようです――。そう詠み残すと、ほどなく息を引き取ったのである。

新五郎の悲嘆ぶりは哀れとしか言いようのないものだった。心中をも考えるほどであったが、徳之丞の塚の前で髻《もとどり》を落とすと、その場で遁世《とんせ》することにした。

のがれても　しばし命のつれなくは　恋しかるべきけふの暮かな

俗世を遁れたところで、余生を共にするあなたはもういない。今日が暮れるのを寂しいと思う——。新五郎は心乱れるまま、西国へと旅立った。旅先では聞いたことのある霊仏・霊社を知る限り参拝して廻った。

年月が過ぎ、再び訪れた四月の末頃、帰郷した新五郎は一人徳之丞の塚へと現れた。塚はひどく荒れ果てており、もはやすべては遠い昔のように思われた。涙ながらに念仏を唱える新五郎。するとその前に徳之丞の姿が蕭々《しょうしょう》と現れた。もちろんそれは幻だった。新五郎が近づくと、霧散《むさん》して消えてしまったのである。気を迷わせてはいけない——心を落ち着けて経を読み直し、改めて弔いを済ませた新五郎は、故郷へと帰ろうと思ったが、ふと、このような乱世を細々と生き長らえたところで仕方ないのではないかと思われた。

露の身の　をき所こそなかりけれ　野にも山にも秋風ぞふく

もはや自分の人生は、露のようなもので留まるところはない。野にも山にも寂しい風が吹く——。詠んだ歌を松の枝に結び付けると、新五郎はあなしの池（埼玉県児玉郡美《み》里町《さとまち》阿那志ヵ）に身投げした。引き上げられた遺体は、徳之丞の塚近くに埋葬されたという――。

　これまた男色の悲恋話だが、先と同じく二人が詠んだとされる詩の多くは古典に見られる有名なものを少しアレンジしたものである。また、どちらも純粋な「忍ぶ恋」の物語であり、純粋な相思相愛が強調されていることが指摘できる。政治や世俗と関わりのない個人の私的な恋愛である限り、純愛として是認されていたのであろう。

［由良成繁］珍しい戦国時代の「男色法度」

　政治と関わりを持たない男色が「忍ぶ恋」として珍重されることがあっても、政治に抵触することだけは許されなかった。

　次に紹介するのは、当時の男色禁止令に関わる記録である。ここでは、単なる人情話のレベルを超えた危険な関係に、戦国武将が警戒心を持っていたことが見て取れる。

　関東下野《しもつけ》の戦国大名・由良《ゆら》成繁《なりしげ》（一五〇六～七八）は、天文五年（一五三六）正月に、「御《ご》家《か》中《ちゅう》御《ご》法度《はっと》書《がき》之《の》事《こと》」と題する十七条の分国法を制定した。これは由良氏の重臣だった柿沼長門守《ながとのかみ》が天正十九年（一五九一）に編纂した『由良家御伝記』に伝えられている。

内容は多くの分国法同様、大名が家中を統制する上での基本法で、「武具ならびに鉄炮、御定めの旨、相守るべきこと」といった軍役の定めに関する心がけからはじまり、以下どういう犯罪を取り締まるかといった条文が並んでいる。これらの内容も面白いが、本書の主題に関わるところでは、家中の男色を統制するような法令が見られるところに注目し、二条ばかり抜き出してみよう。

一、諸奉行人・番頭・組頭、ゑこひいき有間《あるま》敷事《じきこと》。

ひとつ目は直接男色と関係ない条文であるが、「役人は依怙《えこ》贔屓《ひいき》をしてはならない」というもので、「公私混同するな」と言っているのである。

一、衆道《しゆどう》・知音《ちいん》　仕《つかまつり》　おんミつ《隠密》の輩《やから》におゐてハ急度《きつと》曲事《くせごと》なすべき事。

ふたつ目では、若衆道や知音をする隠密の輩がいたら必ず処罰すると言っている。「隠密」とはスパイのことか、あるいは公にできない関係をこそこそと行っている者のことだろう。これは男色が公平な政治を乱す可能性を恐れていたということである。

なお、戦国時代で男色に絡む法度はほかに見られず、貴重な史料に思われる。ただし時期について本当に天文五年（一五三六）成立であるかどうかは検討を要する。問題なのは、兵器としての鉄炮が日本に伝来し、普及したのが天文十二年（一五四三）からなのに、文中で「鉄炮」の軍役に言及が見えることである。「衆道」なる語も時代にそぐわず、後世の創作が疑われる。あるいは天文五年ではなく、天正五年（一五七七）の誤写であろうか。

他家の分国法（『今川仮名目録』『結城《ゆうき》氏新法度』『塵芥集《じんかいしゆう》』等）も、道理から外れた「贔屓《ひいき》の沙汰」を禁じているが、もし由良氏の法度が本物であれば、慧眼《けいがん》にも、親類・縁者との関係と等しく、男色が贔屓を生みやすい構造を有しているのに気づいていたこととなる。江戸時代には男色を制限する条例も出されている（エピローグに後述）が、これよりも早く制定したということである。戦国の男色は、ともすれば危険視される存在であり、成敗の対象になってもおかしくないものだった。

萬重坊と江戸宗次郎

柿沼長門守の覚書《おぼえがき》には、由良氏の法度以外にも多くの史料と逸話が掲載されている。そのうち「江戸宗次郎、早懸けの事」「萬重坊《まんじゆうぼう》、狂歌の事」と題される物語を紹介しよう。

〈江戸宗次郎、早懸けの事〉

永禄三年（一五六〇）四月、由良成繁の金山城下《かなやまじょうか》に鐘を打ち鳴らす音が響いた。敵軍襲来の合図である。家中の者は急ぎ戦支度《いくさじたく》をはじめ、登城を開始した。その中には、江戸宗次郎を名乗る小姓の姿もあった。宗次郎は江戸に知行を与えられた主君お気に入りの寵臣だったが、城に武具を置いていたこともあり、「随分心懸なる者」だったので「すはだ」で駆け付け、家中で一番早く登城できた。その時の下帯《したおび》は成繁から下されたもので、人々は「美しきことよ」と語り合ったという。朽葉《くちば》色の下帯は大将にしか許されないが、この時の宗次郎はその朽葉色の下帯を身に着けていた。

すはだとは、甲冑を身に着けていないという意味だが、下着の色が人々の目に鮮明に焼き付けられたということは、文字通り半裸姿だったのだろう。一見して、宗次郎の忠節ぶりを称えているようだが、実際には御屋形様の御前《ごぜん》に誰よりも早く駆け付けたことぐらいしか功のない寵臣を軽蔑した文章にも思える。

そもそも城に武具を置きっぱなしにして、御屋形様からの寵を誇示するかのように下着姿を見せつけて走るのにも、いかにも浅ましい印象を受ける。では、もうひとつ。

〈萬重坊、狂歌の事〉

坂中城《さかなか》（北城）に御屋形様である由良成繁がいた頃の話である。萬重坊（万重房）という僧侶が御噺《おはなし》相手になり、狂歌等をよく詠んでいた。その頃、上方の牢人だった江戸宗四郎（※先の宗次郎であろう）という扈従《こしょう》（小姓）が成繁のお気に入りになっていた。いつもそば近く御奉公し、その後は御伽をもってお仕えしていた。宗四郎は多賀氏ともその郎党とも言われていた。これを見た萬重坊は狂歌を詠んだ。

わか衆とハ　たかいひ初し桶なれハ　そこの心ハいれてこそしれ

この若衆は多賀（互いに初めて）というが、桶の底（正体）は入《い》れて（確かめて）みなければならない――。そう揶揄《やゆ》したのである。これを聞いた成繁は「悪口《あっこう》なる坊主かな」と怒りだし、萬重坊に所払いするよう命じた。すると去り際にも狂歌を残した。

萬重か　坂中風にふかされて　あんの月かなるこしきにそあふ

すこしわかりにくい落ちだが、まんじゅうが坂中の風で蒸《ふ》かされて、餡《あん》は、餅つきの音が鳴る甑《こしき》（米の蒸し器。臼に転用されたものか）に出会ってしまった――という艶めいた表現に、自分が坂中城から案に相違せず追い出されてしまった顚末を重ねて詠んでいるのだろう。頓智のきいた狂歌は成繁をうならせたようで、結局お咎めなしとなり、二十日あまりして再び御前に召しだされたという。

それにしても、こういう御屋形様が自分のことを棚に上げて「こそこそと衆道《しゅどう》するような輩は処罰するぞ」と命じたとすれば、家中の侍もさぞや面食らったに違いない。

このほか、柿沼長門守の覚書を眺め渡すと、成繁に対する複雑な想いが読み取れる。

成繁は、味方の上杉謙信に奇襲を仕掛けようとしたのが露見したため、謙信に家臣の首を差し出して許しを乞うたとか、小姓の態度が気に入らず刀を振り回して追いかけたなど、御屋形様の身勝手を記す逸話が多いのである。家臣一同、苦労させられっぱなしだったのかもしれない。

第五章　奥州の戦国武将と男色――大崎・上杉・蘆名・蒲生・伊達氏ほか

武家男色の事例は豊臣時代以降

奥州も見るべき逸話が豊富なので独立して紹介したいが、戦国時代の事例を見ることが難しく、多くが豊臣時代以降に偏ってしまったことを先に断っておきたい。中央から離れたこの地域では、男色《なんしょく》文化の浸透に時差があったのだろうか。

［大崎義隆］小姓同士の争いが国を傾ける

奥州編の開幕として、下野金山城《しもつけかなやま》（群馬県太田市金山）より遥か北方、陸奥国玉造《むつのくにたまつくり》郡《ぐん》（宮城県大崎市古川大崎）の戦国大名大崎義隆《おおさきよしたか》（一五四八〜一六〇三）の没落話を紹介しよう。

名族である斯波《しば》一族の大崎氏は、室町幕府と東北地方の領主間で取次《とりつぎ》を務める奥州の探題《たんだい》で、かつては「斯波殿御一家奥州大将」（「住応院文書」）と称えられるほどの権勢を誇っていた。対抗する奥州の国人《こくじん》は、相互に婚姻関係を結び、一揆と呼ばれる連合体を結成した。国人一揆は、幕府や大崎氏による紛争調停を無視するなど、独立的性格を強め、探題大崎氏は存在感を失っていった。戦国時代、名族の多くが同様の構図を見せながら衰えていったが、大崎氏はその典型のひとつであったと言えよう。

しかも実力者の伊達氏が奥州管領を称するに至って、往年の栄光は完全に過去のものとなってしまった。そんな大崎氏の衰運を決定づける事件に「大崎騒動」があった。あらましを述べてみよう。

天正《てんしょう》十五年（一五八七）、大崎家中を二分する紛争が勃発した。当主大崎義隆の小姓《こしょう》同士で相論があり、義隆と家宰《かさい》の氏家吉継《うじいえよしつぐ》がそれぞれに肩入れしたのである。しかも義隆は隣国の最上義光《もがみよしあき》を味方に付けた。対する吉継は「よしたか御曹司《おんぞうし》」を人質に奉じ、これまた伊達政宗を味方に引き込んだ。周辺国を巻き込んだ内乱は、大崎氏の勢力基盤を大きく傾けることとなった。これにあきれた義光は大崎家中を「うつけ」だと慨嘆した。

このように、小姓同士の相論がどのようなものであったかを、軍記『奥羽永慶軍記《おううえいけいぐんき》』（巻十一）は詳細に記している。

大崎騒動前夜

事件は大崎義隆が十六歳の小姓を寵愛《ちょうあい》していたことにはじまる。

小姓の名前は新井田《にいだ》刑部《ぎょうぶ》、新井田氏は領内に多くの城を持つ大身《たいしん》の一族として、家中に権勢を極めていた。刑部本人も「君の一門・老臣に向いて慮外たびたび」に及び、若造の分際で偉ぶっていた。耐えかねた家臣たちは義隆の前に大勢で押し寄せた。

「好色を控えて、刑部をお遠ざけなさいますよう」と迫ったのである。鬼気迫る諫言《かんげん》に震え上がったものか、義隆は刑部を「外様」扱いにすることで事態の収束を図った。

ここまでなら大きな問題にはならなかっただろう。しかし義隆は懲りもせず次に、伊場《いば》惣八郎という小姓を寵愛しはじめた。「新井田刑部に劣らぬ容貌うるはしき童」だったという。案の定と言うべきか、これを知った新井田一族は激怒した。だが主君に怒りを向けるわけにはいかない。刑部が外様になったのは惣八郎のせいだとして闇討ちを企てた。

惣八郎も家中の空気が緊迫しているのを感じないわけではなかったが、何しろ新井田氏に対抗できるほどの勢力基盤を持っていない。同族にも頼りになる者もいない。さりとて主君に訴えるほどの証拠もなかった。

思い悩んだ惣八郎は、「日頃、我に情を懸《かけ》し人」として意を通じ合っている氏家吉継に相談した。吉継は岩出山《いわでやま》領主で大崎家の家宰でもある。悩みを打ち明けられた吉継は「では自分が御屋形様に伝えよう」と頼もしげに応じ、惣八郎を安心させた。

吉継は有言実行の人であった。すぐ義隆のもとに出向き、「新井田の者たちは惣八郎を闇討ちするつもりでいます。これは主君に対する叛逆です。すぐにも退治するべきでしょう」と申し出た。驚いた義隆は「よし、急ぎ手を打とう」と答えて吉継を帰らせた。

ところが——である。義隆は想像を絶する行動に出た。外様にして遠ざけたばかりの新井田刑部を呼び出すと、「お前の一族が惣八郎を闇討ちするという噂を聞いたのだが、本当のことだろうか。知っていることをありのまま話してもらいたい」と、密告の内容を伝えてしまったのである。普通に考えて一番知らせてはいけない相手ではあったが、義隆の考えは常人の及ぶところではなかった。刑部は涙ながらに想いを打ち明けた。

私が外様とされた理由は表立って伝えるようなものでありませんでしたから、真相は闇のままにされていました。それが誤解のもとになり、こうした計画を招いてしまったようです。ですが、まさか身内が惣八郎の闇討ちを考えていようとは思いもよりませんでした。だからといって逃げるつもりはありません。身内の罪は自分の責任。我が君には、すぐにも私の首を差し出しとうございます。

主君から遠ざけられ寂しい想いをしていたはずの少年が、無実の罪であるにもかかわらず、「死を賜りたい」と願ったのである。これで心動かされない義隆ではない。

「そうか、知らなかったのか。それなら汝が死ぬことはないぞ。わしが吉継と惣八郎をなだめてやろう」と優しい言葉をかけた。

すると刑部は「ありがたい仰せです。しかし氏家殿はすでに我が新井田一族の企てを、逆心として諸将に言い触らしているはず。自分はきっと帰路で、御屋形様に忠信を誓う方々から待ち伏せを受けるでしょう。どうせ死ぬ運命なら、いっそ御手に懸かりとう存じます」と重ねて死を願ってきた。義隆は「それならば」と、表向き主君自ら狩場に出る形で少人数の供を連れ、新井田の居城まで送り届けてやることにした。

計略は功を奏した。氏家派は現れなかったのである。城を前に、もういいだろうと安堵した義隆は、「急ぎ行くべし」と刑部に声をかけてやった。だがその時、悲劇が起こった。周囲に伏せていた七百もの人数がどっと寄せてきたのである。氏家派の勢ではない。新井田家の一門・郎党であった。

驚いた供回りは「これは狼藉《ろうぜき》なり」と抗戦したが討ち取られ、義隆も新井田の城へと押し込められてしまった。監禁された義隆の御前に、新井田派の城主らがこぞって進み出、次のように申し述べた。

　氏家吉継と伊場惣八郎は、畏《おそ》れ多くも御屋形様に讒言《ざんげん》し、我ら新井田党を滅ぼさんと企てておりました。しかしさすがは御屋形様。御慈悲にも佞言《ねいげん》をお退けになったばかりか、刑部をここまで送り届けて下さいました。ありがとうございます。ですが……このままお返しすると御屋形様に災いがございます。吉継と惣八郎は、御屋形様を恨みに思い、謀叛するに違いないからです。……そこで我らは非常措置として御屋形様を我が城に御入れ奉ることにしました。我らは御屋形様と一致団結し、すぐにも軍勢を催して吉継と惣八郎を退治したいと存じます。

「してやられた」と思ったところで時すでに遅しである。吉継と惣八郎に逆心があろうとなかろうと、新井田派に逆らうことはできない。義隆は「良きように計らってもらいたい」と伝えた。軍記はこの時の義隆を「浅ましけれ」と酷評している。

　事件を知った氏家吉継は激昂《げきこう》した。義隆が拉致された新井田党に対してではない。脅《おど》されて、自分たちへの討伐を命じた義隆に対してである。

「色に目が眩んだ御屋形様が、佞臣《ねいしん》と一緒になって我らを罪人に陥れた。これだけは許せない。それなら本当に罪人になってくれよう。よし、新井田の城を攻め落としてやれ！」

こうして吉継は挙兵を決意した。

しかし多くの城主を従える新井田一族に一人で立ち向かうことはできない。思い悩んだ吉継はこともあろうに、米沢の伊達政宗に援軍を乞うことにした。他国の手を借りてでも恨みを晴らさんとしたのである。

かくして天正十四年（一五八六）正月、政宗の大軍が大崎領に侵入し、「大崎合戦」と呼ばれる戦乱が勃発した。その後の経緯は本書の内容とは無関係なので省略するが、以降大崎氏が凋落の一途をたどったのは言うまでもない。

軍記中、作者は義隆の母と妻の口を借りて、義隆に辛辣《しんらつ》な批判を加えている。

色に迷った義隆が忠臣を捨て、佞臣を用い、国を乱したことはいくら悲しんでも悲しみ足りません。唐の玄宗《げんそう》は色事ばかりに心を傾けたせいで政権を奪われました。呉王も西施《せいし》におぼれて伍子胥《ごししょ》の言うことを聞かず越に亡ぼされました。品こそ違っていてもみんな同じことでしょう。

中国の玄宗皇帝や呉王が、色欲で国を傾かせた例をあげて義隆をなじったのである。例と違うのは相手が女性ではなく小姓だったことである。男色が国を傾けたのであった。

軍記の俗説が通説になる

なお、この物語を掲載する『奥羽永慶軍記』は、元禄《げんろく》十一年（一六九八）成立の軍記であり、作者の父は最上家の家臣で、かつまた奥州戦国史の勝ち組である伊達氏を称えつつ、対立した勢力には辛辣な視点を向ける態度が色濃く反映されている。もちろん、義隆の暗君ぶりを示す男色話も、そのまま史実とは認められない。

そもそも新井田氏や氏家氏は、義隆が当主となる以前に大規模な反乱を起こしたことのある一族で、今回の騒乱も単なる痴情のもつれではなく、古くから繰り返された権力闘争の因縁に基づく可能性の方が大きい。

内紛を口実に伊達軍が侵入し、大崎氏衰亡の一因となったのは事実にしても、多くの事件がそうであるように、内紛の原因と背景を究明し、それをわかりやすく人に説明するというのは、比較的環境に恵まれた現在の研究者にとっても至難の業である。近世の軍記作家にとってはなおのことであっただろう。

こういう時、彼らは「原因は不明だが」などとは書かない。読者が理解しやすい人情話（道徳的な教訓話になるケースが多い）で手っ取り早く片付けてしまうのである。

大崎騒動もそうした例に漏れず、失敗した義隆を暗君に設定し、すべてを男色話に集約することで、筋立てのシンプル化が図られている。こうしてまるで絵に描いたようなバカ殿様の物語が仕立てられたのである。しかも義隆にとって不幸なことに、騒動の原因がいまもって良質の史料で追究できないことから、軍記の俗話が通説のようにされてしまっている。いささか同情を禁じ得ない。

［上杉景勝］男装の麗人・大島山十郎

次に紹介する男色話は、謙信の後継者である上杉景勝《かげかつ》（一五五六〜一六二三）のものである。大崎騒動と同じく『奥羽永慶軍記』を出典とするが、こちらはまだ幸いなことに、別の史料と比べて矛盾が明らかで、俗話以上の扱いを受けていない。

景勝は謙信の跡を継ぎ、上杉家の当主となった。その後、武田氏の菊姫を正室としたが、二人の間に実子は生まれなかった。物語はこうした史実を背景に生み出された。

新田十郎という牢人（もと最上家臣の鮭延越前守《さけのべえちぜんのかみ》の郎党）が、景勝の家宰・直江兼続《なおえかねつぐ》のもとに仕官した。だが景勝の息子が兼続を「逆心」ありとして誅殺《ちゅうさつ》してしまい、主人を失った十郎はまたしても牢人になってしまった。十郎は「兼続が討たれた理由は知らないが、このような夢を見た」と次なる話を語った――。

上杉家の者は、景勝と正室の間に実子がいないことを憂慮していた。男にしか興味のない景勝は、老女をすら遠ざけ、正室との間にも交渉がなかった。

事態を重く見た兼続は一計を案じた。主君に男装の麗人をあてがったのである。むろん、本当の性別を偽っての上である。男装させられた少女は、当年十六歳の遊女で、「都にも無双の名を得し美人」だった。これを買い取った兼続は、月代《さかやき》を剃らせ、袴・肩衣《かたぎぬ》・大小を身につけさせた。少女は武士らしく大島山十郎《さんじゅうろう》を称することとなった。正体を知らない人々は「光源氏や在原《ありわら》の中将にも、まさるべし」と美貌を絶賛したという。

景勝はこの中性的な児小姓《こごしょう》をいたく気に入り、寝所に招いた。いよいよ床入りがなされる――はずであったが、当然ながら、ここで山十郎の性別が露見してしまう。もし景勝がただの好色大名なら「む……男ではないだと？　しかしこれだけ美しいのだ。細かいことは気にするまい」とそのまま抱いてしまったことだろう。

兼続もそうなることを期待して、このような茶番を仕掛けたのである。しかしそうはならなかった。激怒した景勝は「誰の仕業か白状せよ！」と山十郎に詰問したのである。しかし山十郎は堂々と「これは決して人の下知ではありません」と言いたてて、自らの素性を語りだした。

告白によると、父は大島主膳継包《つぐかね》といい、細川家の郎党であったが、所領を没収され、大谷吉継《おおたによしつぐ》に仕えることとなった。ところが関ヶ原の戦いで吉継が自害し、近江長浜《おうみながはま》で父自身も病死した。母は山十郎が十二歳の時に亡くなっていたので、もはや彼女に近親者はいなかった。このため、遠縁の親類を頼ろうとしたところ、騙《だま》されて都で売り飛ばされてしまう。それでも彼女は運命に屈しなかった。

「私は女の身だけれども、心まで男には劣らない。男装して侍となろう。見どころのある大将にお仕えして、槍働きを立ててやる。そうして大島の名を天下に高めるのだ」――そう思っていたところ、上洛してきた武勇で知られる上杉家の当主景勝の姿に希望を見ることとなり、仕官を望んだのだという。

「このように御寵愛のため、御閨へ召し上られたことは本意ではありませんでしたが、主命に背くことは難しきことでした。もとより男装の罪科を逃れられるものではないと覚悟しておりましたので、どうぞ御手打ちになさってください」

これを聞いた景勝は、自分がコケにされたのではないと知ると機嫌を直し、「なんでいまさら「実は女だったから」と殺すことがあろうか。女とは思わなかったが、もし本当に男であったら養子にしてやりたかったところだ」と、その人柄を好いていることを告白した。

こうして山十郎は一晩だけ、深く愛されることとなったが、やはり本当の男性でないことが気になったらしい。「御暇《おいとま》」を与えられ、景勝はそのまま米沢に帰ってしまった。

都に残された山十郎は、景勝を本気で愛してしまったらしく、別れを悲しむ姿は目も当てられない有様だった。気の毒に思った兼続は、彼女をいたわって「東山の傍らに萬《よろず》の沙汰して、男女数多差添《あまたさしそ》え残し置けり」と、そのまま行き所のない身にはしなかった。ところが驚くべきことが起こった。山十郎は腹に子を授かったのである。もちろんあの夜の子供に違いなかった。

男子誕生の知らせを兼続から聞かされた景勝は、「それ我子なり」と認めるとともに、母子ともども米沢にくだらせるよう命じた。再会した山十郎が邪険に扱われることはなかった。景勝は母子共々深く寵愛したという。

これを知って憤慨したのは正室の菊姫だった。女嫌いであるはずの伴侶がどこの馬の骨ともしれない美女と実子を儲《もう》けたのでは、正室としての立場がない。正室の面目を奪った罪を知り、山十郎は覚悟を決めた。

白綾を以て鉢巻し、白き練の小袖《こそで》に、去年出仕の時に着たりし袴・肩衣を着て、押肌ぬぎ、腹を一文字に切て――。

自害してしまったのである。遺書には景勝への切なる想いがつづられていたという。享年十七。彼女の産んだ「若君」はのちに「上杉喜平治《きへいじ》（次）定勝《さだかつ》」と称し、上杉家の二代藩主となる。さて、この話にはまだひどい落ちがある。定勝は実母が死んだのは直江兼続のせいだと思い込み、兼続を召し出すと、一尺ばかりの刀を抜いて、「母の敵遁《にが》さじ」と胸を貫いた――。

以上が、新田十郎の夢である。まるで夢落ちに託して歴史の隠された秘話を解き明かすような体裁をとっているが、もちろん多くの設定は史実と符合しない。直江兼続が誰かに殺されたという事実はない。元和《げんな》五年（一六一九）五月頃から病がちとなり、景勝は良医を手配し、鍼《きゅう》や薬を施して、兼続の回復に励んだが、十二月に病死した。景勝の悲嘆は深く、「愁嘆《しゅうたん》勝テ計ルベカラズ」と『上杉家御年譜』は伝える。

また、定勝は兼続の正室お船と親密で、実母のように慕っていた。お船が病を得ると回復の祈願を願って伊勢に大神楽《だいかぐら》を奏させたほか、籠《かご》を出して見舞いにも訪れている。しかしその効なくお船は逝去。定勝の悲しみは深く、「悼惜《とうせき》斜ナラズ」だったという。

ここに「上杉定勝による直江兼続殺人事件」が成立する余地はない。

容顔美麗で出世する兼続

もののついでではないが、直江山城守《やましろのかみ》兼続も主君との男色が取沙汰される人物なのでここで詳しく見ておこう。兼続は主君上杉景勝と男色の関係にあったことが、新井白石の『藩翰譜《はんかんふ》』に記されている。

兼続は樋口《ひぐち》與三左衛門という柴薪《たきぎ》を扱う者の子である。彼が年十四、五の時、容顔美麗であったから景勝は浅からず寵愛した。成人すれば上杉家の家老にしようと思っていたが、一同は彼が賤《いや》しい者の子であるから、同格にされることを悦ばなかった。

兼続が樋口氏の出身だったことは有名である。謙信の家老だった直江氏の娘お船を娶《めと》り、直江兼続と名を改め、景勝の重臣となった。しかし、樋口氏が賤しい身分だったというのは悪意ある間違いである。

兼続の父・樋口惣右衛門尉は、長尾政景《まさかげ》（景勝実父）の「御家老」であり、母方の叔父・直江景綱《かげつな》も謙信にとって重臣中の重臣だった。祖先は木曾義仲の四天王・信濃《しなの》の樋口兼光（巴御前《ともえごぜん》の兄）であり、決して「賤しい者の子」などではなかった。

兼続はまだ二十歳の時に「歳旦《さいたん》」と題する七言絶句を詠《よ》んでいるが、こうした漢詩文を詠むには相当の古典知識と高度な教養が必要とされる。名族の末裔として、景勝の片腕となるべく幼い頃から高度な教育を施されていなくては現れない才能だろう。兼続が重用されたのは「容顔美麗」だったからではなく、生まれた時から定められた出世コースを歩んだからである。

では、それがどうして『藩翰譜』では男色を理由とされてしまったのだろうか。これは編者の新井白石ではなく、彼が参考とした史料群に問題がある。当時世に氾濫していた、兼続を快く思わない軍学者の手による軍記や系図に取材してしまったのである。彼らは景勝のせいで仕官をつぶされた過去があり、景勝を批判するわけにはいかないので兼続を悪者に仕立て、殊更《ことさら》に過小評価しようとした。

その所産が『東国太平記』や『武辺咄聞書《ぶへんばなしききがき》』等の「越後流《えちごりゅう》軍学派」による軍記群である。そこでの兼続は、石田三成と共謀して徳川家康を倒したのち、景勝をも亡き者にして、「関八州の管領《かんれい》」を望む大奸臣《だいかんしん》とされている。兼続が男色で寵愛されたとする説は、軍記によくある「能無しが男色で出世する」＝「功もなく権力を得た奸臣」の縮図にぴったりとあてはまるのである。

なお、兼続は謙信との男色も疑われるが、これは近年になって生じた巷説《こうせつ》であり、史料に見えるものではない。謙信は兼続が十九歳の時に亡くなったが、少年期に謙信の小姓だったという事実は史料に確認できない。二人はほとんど顔すら合わせていなかっただろう。兼続が謙信の小姓だったとする軍記もあるにはあるが、これは『松《しょう》隣夜話《りんやわ》』で謙信の家老「直江大和《やまと》」が「直江山城《やましろ》」（兼続の通称である）と書き間違えられたことに端を発するであろう。

同書では、病気がちになった謙信の死期が近いことを「直江山城」が予言する印象的なシーンがあって、この部分だけ『名将言行録』等、様々な記録に転載されている。そして謙信の小姓として頭角を現す少年というイメージが、さらに無数の創作話を生み出し、「兼続＝謙信の小姓」という後付けの設定が生み出されたわけである。

『松隣夜話』の「直江山城」は、謙信が二十代の時（もちろん兼続は生まれていない）から重臣として活躍していることからも、これが兼続ではなく大和守景綱の誤記であるのは明らかである。兼続が主君と男色の関係にあったとする説は根強いが、その成立にはこうした背景があることを指摘しておきたい。

殉死しなかった寵臣

兼続以外にももう一人、景勝の寵臣として有名なのが、会津《あいづ》蘆名《あしな》氏から証人として越後に入った平田助次郎という美少年である。しかし蘆名氏が滅びると行き所を失った助次郎は、上杉家で小姓となり、のちに信濃の清野《きよの》氏を継いで清野長範《ながのり》と名乗った。

彼と景勝の関係が深かったことは、『上杉家御年譜』に「寵臣」と書かれていることからも窺《うかが》える。特に死期を前にした病床の景勝を懸命に看護したのを、景勝の死後、息子の上杉定勝に労《いた》われていることが史料に確認できる。だが、彼が景勝とどれくらい親密な関係にあったかは判然としていない。

ちなみに元和《げんな》九年（一六二三）に景勝が病没した時、御台所頭《みだいどころがしら》（菊姫の使用人頭）の高野孫兵衛茂時《しげとき》と、手明《てあき》（雑用係）の中村名左衛門が殉死している。彼らはかねてより景勝から蒙った厚恩を感謝し、その死に際して供奉《くぶ》することを公言していた。寵臣であるはずの長範が、彼らとともに殉死していないのは少し違和感がある。

なお、これより遡ること十一年前、景勝は慶長《けいちょう》十七年（一六一二）八月十三日付、十九条の掟書《おきてがき》「上杉家触書」にて「若き者の儀はもちろん、何者なりとも知音《ちいん》（男色）申し合い致すまじきこと」と、領内に男色の禁止を命じている（『上杉家御年譜』『三重年表』）。それも士農工商あまねく知らしめた触書であったから、当然領主である景勝は、早くから模範を示していたであろう。景勝には男色にまつわる俗説が数多くあるものの、史料ではイメージに反する証跡しか出てこないのである。

謙信・景勝ともに何らかの理由で女色《じょしょく》を遠ざけていたことから、そうした噂が立てられているが、筆者はこれを、二人とも早期から養嗣子《ようしし》がいたため実子を作ろうとしなかったからだと見ている。家督継承時の謙信は、兄の子の後見役として当主になっており、景勝もまた二十代のうちから上条《じょうじょう》上杉氏の子を養嗣子として迎え入れている。二人とも後継者が健在である間、女性と接することを避けたようである。

ほかに景勝絡みでは、江戸後期頃成立の栗原柳庵《りょうあん》の『真書太閤記《しんしょたいこうき》』「河田豊前守《ぶぜんのかみ》勇戦のこと」に、「芝田《しばた》（新発田）因幡守治時《いなばのかみはるとき》いささか男色の事により（上杉）景勝を怨むるあまり」に謀叛したことが記される。実際に新発田が挙兵した理由が、恩賞問題のこじれであることは周知の通りである。

上杉家は男色の面白話を作るにうってつけの存在だった。それはいまも同じで、謙信・景勝は小説や漫画において格好の材料にされている。これからも量産されていくであろう。

［前田慶次］切るまじき腹を切った児小姓

かぶき人として知られる前田慶次《けいじ》（生没年に諸説あり）は、戦国末期から豊臣時代において活躍したひょうげ人で、大変ないたずら者だった。上杉景勝に仕えて華々しい武功を立てた後、米沢の地に隠居したという。

「生きるだけ生きたらば、死ぬるでもあらうからと思ふ」と死生に達観する言葉を残した慶次だったが、ある時、腹の患いを悪化させ、いよいよ十死に一生の重態となった。明日の命も知れない慶次は、心細くなったものか、「ひぞうの児《こ》小姓《ごしよう》」につい余計なことを言ってしまう。

其方《そのほう》は我死にたらば追腹《おいばら》を可切《きるべき》か、定て切るまじき。

児小姓は激怒した。「口惜しいことを言うものですな。わが心中、お目にかけましょう」と言うと、その場で押し肌を脱いで、腹を十文字に切るなり、喉を掻き切って自害してしまったのである。

驚いた慶次は、「これはそも何事。戯れに言ったことを悪く受け止め、不憫《ふびん》なことになってしまった」と力を落とし、彼もまた一日のうちに亡くなってしまった。

「わしが死んでもお前は腹を切らないだろう」と小姓をからかい、そのせいで死なせてしまったのだとしたら、最後の最期で悟りきれない弱さを見せるなど、快男児の慶次らしくない、後味の悪い最期だったことになろう。

もっともこの慶次のセリフ、「切るまじき」は、「切ることはあるまい」と読むのだろうが、意味としては「切らないだろう」でなく、「切るでないぞ」と言っているようにも受け止められる。つまり、「お前は腹を切るつもりでいるのか。定めて切ってはならんぞ」と言ったのに「何を言いますか。もう心は決めているのです」ときっぱり断ってしまった――と読むことも可能で、その方が「生きるだけ生きたら死ぬでもあらう」の慶次らしい逸話になると思うのだが、いささか慶次に甘すぎる解釈だろうか。

この逸話は加賀藩五代の藩主前田綱紀《つなのり》（一六四三〜一七二四）が編纂した『桑華字苑《そうかじえん》』に掲載されるもので、慶次が没してからかなり経って書かれた話である。もとより実話ではないだろう。現場にかけつけ、二人の遺体を見た人々が、このような会話があったかどうか知る由もなかったはずである。慶次に児小姓がいたかどうかも不明で、謎の多い人物だけに、その最期まで物語に飾られてしまったのである。

［蘆名盛隆］国を傾けた盛隆の男色

少し戻って三度《みたび》、『奥羽永慶軍記』による男色話を紹介しよう。巻七に収録される「会津盛興《もりおき》死後、養子蘆名盛隆《あしなもりたか》の事」である。会津の蘆名盛隆（一五六一～八四）は、四天宿老の一人である松本図書《ずしょ》の息子、松本太郎十六歳を近習に求めた。太郎は花にも妬《ねた》まれかねない「夢の面顔《かんばせ》」を持つ美少年だった。しかし太郎は主君の寵愛《ちょうあい》を断った。

出世の機会を自ら捨てたのには理由がある。「弓矢の家に生まれし上は、武忠をもって恩賞を蒙らん」というのが彼の信条で、もし「ただ御寵愛のために出頭」させられれば、「世の嘲弄《ちょうろう》を招く」と思ったからである。

惚れなおした盛隆は、なおも恋文を送りつけたが、それでも太郎は振り向かなかった。強情ではあるが立派な武士であったらしい――と、評価したいところだが、主命に従わない理由はそれだけではなかった。実は栗村下総守《しもうさのかみ》という若者と「深き恋慕の契約」を結んでいたのだ。彼らは「二世かけて変はらじと神に誓ひし」仲だった。

真相を知った盛隆は「栗村を誅せん」と憤怒した。軍記はここで「高師直《こうのもろなお》が人妻に恋慕して、夫を亡き者にしようと悪謀したのと一緒だ」と盛隆を批判している。

仲を知られた二人は「やられる前にやれ」の論理で考えたのであろうか、狭量な主君を「(男色を)食すれどもその味を知らぬ風情」と蔑み、仲間とともに盛隆の留守をついて、居城を乗っ取ってしまった。主君に一泡吹かせたかっただけで国盗りのつもりはなかったと二人は言うが、動機が判明したところで「ははは、そうか悪かったな」と許してくれる主君などいるはずがない。盛隆はすぐさま兵を集め、一気呵成《いっきかせい》に城を攻めた。

城はあっけなく陥落し、太郎と下総は落命してしまう。この物語は、盛隆が「よしなき恋」をしたせいで大勢の人が死んでしまったのだ……哀れである、と結んでいるが、最初から太郎が素直に恋人の存在を明かしていれば、こんな大事にはならなかったのではなかろうか。

『奥羽永慶軍記』の著者戸部正直《とべまさなお》は、父が最上家臣だったこともあり、最上氏と伊達氏を贔屓《ひいき》する傾向が強く、敵対した大崎氏や蘆名氏には辛辣な視線を向けている。この逸話もまた、のちに蘆名一族が滅亡する伏線として創作された暗君話で、またしても男色は物語のスパイスに使われたようである。

さすがに三つも紹介したのでここまでにするが、同軍記にはほかにも、最上義安（康）が里見《さとみ》権兵衛を寵愛したとか、清水大蔵大輔《おおくらたゆう》が間者《かんじゃ》の美色に溺《おぼ》れて身を滅ぼしたなどの話が満載である。しかしこの軍記からネタを拾い出すのはもういいだろう。

佐竹義重と蘆名盛隆

蘆名盛隆には別の俗話もある。

松浦《まつら》鎮信《しげのぶ》の『武功雑記』（巻二）によると、盛隆は「無双の美少年」であったという。その美少年武将がある時、常陸《ひたち》の佐竹軍と合戦した。佐竹軍の大将である義重《よししげ》（一五四七〜一六一二）は、自ら陣頭に立って戦う鬼のような猛将だった。そういうこともあってだろうか、義重は戦場で盛隆の美貌を目にしてしまう。

ここで古典的な少女漫画ならば、背景が一面薔薇で埋められてしまいそうなときめきが義重を襲ったようだ。一目惚れしたのである。義重はその瞬間から浅からぬ「恋慕」の念にかられてしまった。そしてこともあろうに、義重は盛隆に恋文を送ったというのだ。

あり得ない話だが、想いは届き、「早速同心にて契《ちぎ》りふかし」に至る。このため両家の家臣とも相談して和睦に及んだそうである。盛隆が義重の気持ちに応じたのがなぜだかはわからないが、彼もまたそれなりに男前だったということだろうか。

やはり好色で身を滅ぼす盛隆

敵将同士の恋物語などロマンチックなようだが、盛隆は愛されるよりも愛したい男であった。その後、河田三左衛門なる美童を寵愛するのである。

三左衛門は「心剛に容色も好く生まれつき候」であった。なお、他の史書には、「河田」でなく、「大場」「大庭」の苗字で記されている。二本松の町人で須賀川《すかがわ》諏訪《すわ》大明神の神主の子である「大庭三左衛門」が十三歳の時、相馬合戦において御前で三度の功績をなしたので、側近に取り立てられたのだとされている（『蘆名家記』『異本塔寺長帳』等）。だが、やがて「愛おとろえて」、盛隆はほかの男に手出ししてしまう。「是《これ》は盛高（隆）の癖なり」と書かれるように、盛隆は浮気性だったのだ。

口惜しく思った三左衛門は、家老たちの前で主君を袈裟《けさ》切りにしてしまう。動機は記録によって異なるが、小姓の手によって主君が殺されたのは事実らしく、「盛隆御生涯（害）」に驚いた義重は、速やかに軍勢を会津に派遣した。

蘆名盛隆に男子はいなかったが、不幸中の幸いとして養子がいた。義重の実子盛重《もりしげ》

（義広）である。盛重の存在と義重の援軍により、蘆名氏は断絶を免れた。

男色が国を救った数少ない例である――と言いたいが、結局のところ蘆名氏はこの養子縁組が家中の不和を招き、弱体化したところで、伊達政宗の侵攻を受け、会津を失うはめに陥っている。盛重は実父のいる常陸へと亡命。政宗が占領した会津は秀吉に没収され、蒲生氏郷《がもううじさと》（一五五六～九五）が置かれた。蘆名氏は滅亡してしまったのである。

［会津蒲生家］伊達政宗のハニートラップ

蘆名氏を滅ぼした奥羽の伊達政宗は油断ならない男で、蒲生氏郷が入ったあとでも会津侵略の野望を捨てなかった。

『常山紀談《じょうざんきだん》』（湯浅常山）および『武功雑記』（松浦鎮信）によると、会津の蒲生氏郷を邪魔に思う政宗は、代々伊達家に仕える一族の小姓から、「容貌勝れて艶なりし」という某清十郎を呼び出すと、氏郷暗殺の謀計を授け、会津へと送り出した。ハニートラップである。しかし政宗が目を付けたのは氏郷ではなく、「美童数奇《すき》の者」で知られる家老の田丸中書《ちゅうしょ》であった。

政宗の狙い通り、清十郎は田丸家に児小姓として奉公することができた。だが、なかなか氏郷に接する機会を得られない。「便を伺いて刺し殺せ」というのが政宗の命令であった。そんなある日、清十郎が実家に送った書状が蒲生領の関所で見られてしまう。こともあろうに書状には、氏郷の暗殺計画のことが書かれてあった。ただちに清十郎は投獄され、事件は豊臣秀吉に詳報された。詮議の結果、政宗は不問に処されたが、氏郷と和平させられることとなった。この時氏郷は「君のために命を捨て、忠をいたす」と自分の暗殺を企てた清十郎を褒め、帰国させたという。

この逸話がほかのハニートラップと異なるのは、暗殺の対象とされる蒲生氏郷本人ではなく、家老の田丸中書が男色家とされていることである。

氏郷はレオンの洗礼名を名乗るキリシタン大名であった。氏郷の信仰心は本物で、イタリアの宣教師を家中に迎え入れ、ローマへ使節団の派遣を検討したほどだった。同時代の宣教師ヴァリニャーノは、日本人を「キリスト教徒になって精進すると、（男色の）悪習を捨て、教えと信仰に熱心となる」と評しており、レオン氏郷が男色を遠ざけたことは想像に難くない。こうした背景が物語に影響しているのであろう。

考えてみれば、キリシタンで男色の逸話を持つ武将はあまり見られない。明治維新後、西洋風の男色排斥思想が日本にもある程度浸透したが、政宗・氏郷の時代も宣教師の思想が影響を及ぼしていたようである。

伊達政宗（東福寺霊源院蔵）

余談ながらこの事件のためでもなかろうが、政宗と氏郷はとても仲が悪かった。文禄《ぶんろく》五年（一五九六）八月、政宗は浅野長政に絶縁状を送り付けたが、その理由のひとつとして長政が蒲生氏郷に「別して御懇切」であったことを挙げている。政宗にとって、氏郷と仲が良いことは絶縁の理由になり得たのである。

［伊達政宗］片倉重綱への熱烈な接吻

その伊達政宗（一五六七～一六三六）である。政宗と男色の関係は只野《ただの》作十郎《さくじゅうろう》の例が知られるように、当時の書状でも確かめられている。

その政宗との関係が子孫によって記録された武将がいる。片倉小十郎重綱《かたくらこじゅうろうしげつな》（一五八五～一六五九）である。延宝《えんぽう》・天和《てんな》年間（一六七三～八四）成立とされる片倉家の『老翁聞書《ろうおうききがき》』に、政宗と重綱（重長）の接吻話が掲載されている。

慶長十九年（一六一四）十月七日、家康から大坂攻めの陣触れがあり、仙台の政宗も準備に忙殺された。今回の出陣で「うちうちに御先鋒《ごせんぽう》の願い」を申し出ようと上府した重綱は、政宗が御奥に向かい、廊下を歩くところへ進み出ると、「大坂の御先鋒、拙者に仰せつけ下され」と願い出た。すると承引した政宗が重綱を引き寄せた。そして「頬《ほほ》へ御喰付成《おくらいつけな》され」、お前に先鋒を仰せつけず誰にやらせるものかと涙ながらに告げたという。

この時、政宗四十七歳、重綱三十歳。接吻シーンを想像すると、凄まじい生々しさがある。もちろん、これが史実であるかは怪しい。『老翁聞書』は片倉家の祖先を称える傾向が強い史料で、藩祖政宗との結びつきの強さを強調している。他の例と違って男色の関係を「ご先祖様の誇らしい過去」として述べているようである。

政宗は割と大っぴらに男色を楽しんでおり、若い時はお気に入りの寵童と契りを交わすと自らの身体に疵をつけて証としていた（「伊達政宗文書」）。身体的に可視化された政宗の趣味は、家中に隠れもないことだった。豪放な政宗にとって少年愛は、忍ぶ恋でもなんでもなかったようである。

並みの大名ならともかく、極めて個性的な英雄だった政宗から特別な恩寵を受けることは、武将としての汚点とはならなかったのだろう。平成の世にも「不倫は文化」と言ってのける、普通の人なら許されない言い訳が、個性のひとつとして認められた男優がいた。政宗には醜聞すら美談に塗り替えてしまう個性があった。
極めて例外的な人物であるだけに、この接吻話も強くは否定できない。

小早川秀秋のお相手

次は創作の疑いが濃厚な話である。出典は『片倉代々記』。これもまた片倉家の史料である。内容の真偽の程はと言えば、真田「信繁《のぶしげ》」を、真田「幸村《ゆきむら》」と誤記しているレベルのものである。

慶長七年（一六〇二）七月二十八日、在京する小早川秀秋《こばやかわひであき》（一五八二～一六〇二）が、片倉重綱の容色に恋慕した。使者に佐々《さっさ》善右衛門（実在不明）を送り出し、自分のもとへ来てくれるよう要請する秀秋。しかし重綱は誘いに応じようとせず、東福寺に駆け込んだ。これを見た政宗は、湯村《ゆむら》信濃に書状を持たせて重綱のもとに送り出した。書状には驚くべきことが書かれていた。

善右衛門に「お断りです」と伝えたとのこと、あなたが合点しないと言うのも一旦《いったん》は仕方ないことであると思うが、「是非是非」と言われているのだから、例え千回から万回まで同じことを言われても断るつもりだったとしても、たった一晩のことであるのだから、割り切ることも必要であろう。色々と身の心中を言うものではない。言わせてもらうと、是非是非今晩京へ参るべきである。かしこ。返す返すも中納言《ちゅうなごん》（秀秋）殿が様々に仰せられることとなのだから、一晩ばかりは御意に従うべきであろう。張りのないことであろうけれども主命には親の首をさえ斬ることもあるのだと考え、よくよく分別してください。かしこ。

七月廿八日　　　　正（政）宗

小十郎（重綱）様

厚礼な書き方がされてはいるものの、要するに「俺の顔を立てて一晩だけ秀秋さんと寝ろ」と命じているのである。身勝手な言い分だが、同年十二月、重綱は見返りのように刈田《かった》郡白石城を下されていることからも主命に従った可能性が疑われる。しかし繰り返すが、書状の内容および存在が史実かどうかは心許ない。

小早川秀秋は慶長五年（一六〇〇）関ヶ原合戦の功により備前《びぜん》岡山に移封されたが、

この事件があった年の七月十七日、伊岐真利《いきさねとし》に加増し、常山《つねやま》城を預け置く旨を命じており、九月九日には下方貞範《しもかたさだのり》に知行を与えている。『野史』によればこの年九月に帰国するまで「大坂」にいたともいう。しかし遠隔地で知行の変動がそこまで容易であっただろうか。

秀秋は六月十七日付の国府内蔵宛書状で「来七月、両国検地すべく候」と述べており、領地の備前国等で検地を行う予定があった。本国で検地を行い、知行の再編を行うのに在京したとは考えにくい。

また、当時の小早川家中では重臣の出奔や粛清《しゆくせい》が見られるが、大名家では組織の刷新期によく見られる現象である。熱心に領国経営を行っていた証跡であろう。多忙の折、色事に耽る余裕など持てなかったのではないか。

秀秋は三ヶ月後の十月十八日に急死しており、死因は敵将の祟《たた》りとも不摂生のためとも言われるが不明である。三日前には兄の木下俊定《としさだ》が亡くなっている。二人の急死に因果関係があるかどうかわからないが、家中の混乱が招いた凶事であろうか。嗣子なきのため小早川家は改易《かいえき》されたが、その後世に流布された軍記類では、関ヶ原合戦における小早川氏を裏切り者として位置づけ、秀秋の評価は地に落ちた。

それが遺臣牢人の子孫をして秀秋との不和を強調させ、岡山時代の出奔や粛清を、政治的混乱ではなく素行の悪さによって説明させるようになったように思われる。そうした秀秋の悪評が、片倉家の家伝に一花咲かせる一因となったのかもしれない。
ちなみに、この「正宗書状」も変である。いくら無理難題を言うにしても「小十郎〝様〟」はないだろう。これほどの無茶を言うなら、書状ではなく直接の面談が必要だ。紙に書いて後世に残っていいような内容でもない。

実は寵臣を大切にした政宗

このような苛酷ともいえる要請があったかどうかを測るのに格好の材料がある。政宗から只野作十郎に宛てた書状である。こちらは写しではなく、実物が確認されている。

煩《わずら》いの様子はどうだろうか。承りたく思う。悪くなければ明日は出向くつもりである。今日は雨なので延引するが、様態をよく聞かせてもらいたい。薬を参らせよう。

三日　　政宗より

［封書］

作十郎へ

プロローグで紹介した自傷行為の事例を見ての通り、作十郎が主君と知音《ちいん》の関係を結んでいたことは同時代史料に確かめられる。ここでは見舞いが一日延引しただけなのに、豪放な政宗が細やかな気遣いを見せており、寵臣に対する思いやりの深さが感じられる。秀秋との関係を嫌がる重綱に「主命なら親の首でも取るものだ」と脅して翻意を促した逸話は、このような政宗像とブレがあるように思われるがどうだろうか。

政宗は家臣とだけでなく、公家の近衛《このえ》信尋《のぶひろ》（一五九九〜一六四九）とも昵懇《じっこん》になったと言われる。もっともこれも江戸後期の『白石先生紳書』が出典なので注意を要するが、近衛家の家令《かれい》のことを近藤兵部大輔《ひょうぶたゆう》が物語るには、「御幼少の時に無双の美少年」だった信尋は、諸大名にモテモテで、伊達政宗や柳生宗矩《やぎゅうむねのり》は上洛するたび親しくし、政宗は「限りなくむつまじくなり、一入昵近《ひとしおじっこん》になった」とされている。

政宗のキャラクターは扱いやすかったのだろう。後世に都合よく使われている節がある。

第六章　西国の戦国武将と男色——大内・黒田・宇喜多・毛利・島津氏ほか

中四国・九州地方の武家男色

さて、東国の事例ばかり語ってきたので、そろそろ西国の武将にも目を向けよう。本章では、中四国および九州地方の事例を追っていく。まずは手始めに再び大内義隆《おおうちよしたか》（一五〇七〜五一）にご登場願おうと思う。

［大内義隆］『陰徳太平記』と小早川隆景

軍記『陰徳太平記《いんとくたいへいき》』巻十七の「毛利元就《もうりもとなり》父子防州《ぼうしゅう》山口下向《げこう》の事」には、安芸《あき》の毛利元就（一四九七〜一五七一）と小早川隆景《こばやかわたかかげ》（一五三三〜一五九七）が大内義隆のもとを訪れた時のことが記される。

元就父子はしばし滞留して御坐す。又四郎隆景は当年十六（七）歳、弥子瑕《びしか》六郎も顔色を失ふ容貌なれば、義隆卿断袖《だんしゅう》の寵愛《ちょうあい》あさからずして、大樹義晴《たいじゅよしはる》公に吹挙ありて、屋形号をぞ賜わりける。

弥子瑕とは、中国の王に愛された寵臣の名である。そして断袖とは、「起きなければいけない用事ができたが、腕枕をしている男の愛人が起きるとかわいそうなので、袖を断ってそこを離れた」という中国の故事に由来する、これまた男色《なんしょく》の関係を暗示する表現である。

この一文をもって二人の間に男色の契《ちぎ》りがあったと見る人もいるが、これには注意を要することは言うまでもない。『陰徳太平記』の成立背景を考えれば、安易に史実そのままとは受け止められない。

と言うのもこれは著者の香川宣阿《かがわせんあ》自らが言うように、父正矩《まさのり》による原本『陰徳記』から「短を捨て、繁を飾り」し、自分の主観をもって書き換えた軍記なのである。

宣阿は独自の正義観を持っていて、その価値観から外れる小早川隆景に対しては、「利ニ由テ義ヲ忘給《わすれたま》ヘリ」と辛辣に言い放つほど批判的な視点を持っていた（笹川祥生「『陰徳記』から『陰徳太平記』へ――戦国軍記の衰頽」）。これも隆景を貶《おとし》めるため、創作された逸話である疑いが強い。能無しが男色で出世したという軍記お得意のテンプレートが流用されているのである。

［黒田長政］家臣に嘲笑われた関係

黒田長政《ながまさ》（一五六八～一六二三）とハツの話は『男色文献書志』にも掲出される有

名な逸話であるから、ここでも紹介しよう。

黒田官兵衛《かんべえ》（一五四六〜一六〇四）の息子・長政には「黒田八虎《はっこ》」として、後藤又《ごとうまた》兵衛《べえ》や母里太兵衛《ぼりたへえ》と同列に数えられる黒田美作《みまさか》という家士がいた。官兵衛が荒木村重《あらきむらしげ》の説得に出向いて投獄された時、何かと世話をしたのが美作の父で、この縁がもとで官兵衛の養子となり長政の弟分にされたという。

その美作であるが、近世前期の『武功雑記《ぶこうざつき》』によると、彼の童名は「ハツ」で、長政には「寵童」として愛された。これだけでは男色の関係にあったかどうか不明だが、贔屓《ひいき》されたのは間違いなく、快く思わない家臣もいたようだ。

天正《てんしょう》十五年（一五八七）、城井《きい》一族を攻めた時、黒田軍は城井氏の作戦を前に敗退した。この退却戦でハツは敵に背を向けることなく奮戦した。長政は「ハツのこり槍を合せ候　奇特也《なり》」と褒めちぎったが、これを聞いた後藤又兵衛は「ハツが使う槍の柄は長いらしいぞ。（敵軍と）一里八丁（＝五キロ弱）も離れていたのに（槍を合わせられるのだからな）」と嘲笑《あざわら》った。本当はハツもさっさと逃げていたのだ。

又兵衛は武勇に優れた武将であったが、こういう傲慢《ごうまん》な一面も持ち合わせていた。日頃から主筋の長政を小馬鹿にしており、この時もそれほどの武功が認められない少年を、殊更《ことさら》に褒めてみせるのに快く思わず非難した。

なお、この退却戦にはもう一人少年の武功話がある。

城井軍は大将自ら陣頭に乗り出し、「敵は引くぞ、追い詰め、みな討ち取れ」と呼ばわって追撃を開始した。敗走する長政は鮮やかな猩々緋《しょうじょうひ》の陣羽織を着ており、格好の目印となっていた。これを危惧した大野小弁《こべん》という若武者が「目立つ羽織は危険です。すぐにお取替えを」と声をあげた。

そして長政の羽織を自ら鎧《よろい》の上に着るととって返し、「黒田吉兵衛長政なり」と名乗りをあげながら敵兵に斬り込んだ。主君の代わりに討ち死にした小弁はまだ十八歳の若さであったという。

出典は先に出したばかりの『陰徳太平記』巻七十四の「黒田長政城井攻のこと」の項であるから、いささか注意が必要だ。現地（福岡県筑上町《ちくじょうちょう》）には「大野小弁正重《まさしげ》之墓」と顕彰碑が建てられており、その忠勇を今に伝えている。話自体は創作的だが、黒田軍が大変な痛手を蒙ったことは事実だったらしい。

ショックのあまり長政は一時期ひきこもりになってしまったという（『常山紀談《じょうざんきだん》』）。ちなみに長政はこの合戦の前から洗礼を受け、キリシタンとなっていた。蒲生氏郷《がもううじさと》同様、「悪習を捨て」ていたはずだから、男色に浸っていた可能性は薄かったように思われるがどうだろうか。

藤堂高虎と若道の知音を結ぶ

次いで黒田長政と藤堂高虎《とうどうたかとら》(一五五六〜一六三〇)の関係を見ていきたい。元和《げんな》六年(一六二〇)三月、細川忠興《ほそかわただおき》が書状中に「藤いつミ(藤堂高虎)と黒筑(黒田長政)間、むかしのことくあしき由申《よし》し越され候」と言っていることから、藤堂高虎と黒田長政が古くから険悪な関係にあったことが確かめられる(三重県環境生活部文化振興課県史編さん班「藤堂高虎像をさぐる—細川家と親しく交友」——WEB『歴史の情報蔵』内参照)。だが、寛文《かんぶん》八年(一六六八)成立の『慶長軍記《けいちょうぐんき》』では、かつて両家とも親密だった様子が記されている。

黒田(長政)と藤堂(高虎)とは、元来若道《じゃくどう》の知音《ちいん》にて、其《その》交リ水魚の如く、父如水(黒田官兵衛)も藤堂の武勇を知て甲州を頼みける。

黒田長政と藤堂高虎は男色の知音にあり、とても親しかった。長政の父である官兵衛も高虎の武勇が高いことから、頼もしいことだと思った——というのである。十二歳年長の高虎が長政にお手をつけることは、官兵衛のお墨付きだったようだ。

だが同書はこの後、慶長五年（一六〇〇）の岐阜城攻めで長政が約を違《たが》えて抜け駆けし、高虎が恨みに思ったという記事を載せ、両家の確執はここに始まったとされている。

諸書を見る限りでは、およそ関ヶ原合戦前後から両家の関係にぎくしゃくしたものが感じられる。岐阜城攻めの相論《そうろん》が原因で不仲になったのは事実であろう。しかし「若道の知音」はどうだろうか。『慶長軍記』は、藤堂藩の軍学者が藩内の古老に取材して書き上げた伝聞史料で、藩主の偉業を称えるとともにその批判に答える性格を持っている。記事には誤伝や脚色も少なくなかろう。

同書筆者の植木悦《うえきえつ》（？〜一六九八）が、藤堂家と黒田家の確執を巡る話を集める中で、こういう話を聞いたのかもしれないが、藤堂家中が黒田家に対して持つ屈折した感情が反映されているようだ。黒田家の不実な態度を強調するため、あえて創作された関係である印象は拭《ぬぐ》いがたい。

［黒田官兵衛］吉川経言を救った「水魚雲龍の約」

長政の父黒田官兵衛（一五四六〜一六〇四）にもまた、男色の逸話がある。『陰徳太平記』巻七十四「吉川元長《きつかわもとなが》逝去につき広家《ひろいえ》家督相続のこと」の項によると、安芸毛利家の重臣吉川氏の当主元長が死去し、家督の儀について評定がなされた。

元長にはしかるべき男子がいなかったが、二人の弟がいた。特に下の弟経言《つねのぶ》（一五六一～一六二五）は兄元長から「まことに仁義の勇者なり」と称賛される良将の器であった。だが吉川家にはほかにも同族の者がいて、これを後継者に立てようとする動きが見られた。なんとしても経言を推したい家中の者は「異論を封じ込めるにはどうしたらいいか」を話し合い、経言と「水魚雲龍の約」を結ぶ黒田官兵衛のもとへ相談に行った。

官兵衛は「自分もそう思っていた」とこれを快諾。「容貌美麗」の経言とは「裁袖《さいしゅ》余桃《よとう》」の深い関係にあったので、後見役を喜んで買って出た。官兵衛は吉川家の宗家的な立場にある毛利輝元《てるもと》と仲が良く、吉川家と秀吉の取次《とりつぎ》である縁もあり、これらに巧みに根回しして、経言改め広家を吉川家当主へと据えることに成功した。

さて、「水魚雲龍の約」と「裁袖余桃」がどういう意味かはもうおわかりだろう。「水と魚」、「雲と龍」は切っても切れない関係、「裁袖」は先述した「断袖」と同義の表現である。「余桃」は桃園で男の愛人が同じ桃を主君とともにかじりあったという故事に由来する。もちろん官兵衛と経言の関係を事実とは認めがたいが、信憑性云々の前に軍記が武家男色をどのように扱ってきたかの一例を窺《うかが》うことができる。

［浦上美作守］寝取った若党を手討ちにする

次は室町時代の壬生《みぶ》氏の日記『晴富宿禰記《はるとみすくねき》』が出典となるので江戸時代の軍記と違い、精度の高い情報になる。時代的には第一部で書いておくべきだったが、西国つながりでこちらに掲出しよう。湯川敏治氏が「男色雑稿」にて紹介する事件である。

明応《めいおう》四年（一四九五）一月二十六日。京都の妙蓮寺に寄宿していた浦上美作守《うらがみみまさかのかみ》（則宗カ）が、酔った勢いで若党《わかとう》の三嶋なる「若族賞翫之輩《にゃくぞくしょうがんのやから》」を討ち取ったという。

浦上氏は播磨《はりま》赤松氏の重臣で、連歌の道にも長じる文武両道の宿老として、京都に顔を利かせていた。

若党の三嶋が若族を賞玩した──つまり若侍《わかしゅ》が若衆を寝取ったということのようだが、美作守お気に入りの若衆を寝取ったということになろうか。だとすれば、なかなかの度胸というか、無謀な振る舞いである。それで命を落としているのも自業自得だが、本人は本望であったろう。

若衆を寝取ることについては、武家法で規制された形跡がない。例えば人妻を「密懐《びっかい》」して寝取った者は、その場で殺していいというのが、武家の諸法度やほとんどの分国法に定められていた。だが男色は、先に見た由良《ゆら》氏のハニートラップ防止法らしきものを除いて、何もないのである。もっとも、織田信長は機嫌の良い時、「人の若衆を盗むよりしては、首を取らりよと覚悟しに――」などと小唄を自作して歌っていたという（『犬徒然』）。それと知りながら信長の若衆を盗む恐れ知らずはいないだろうが、知らないで抱いてしまう悲劇はあり得ただろう。

婚姻届けの制度がなかった平安京の時代には、間違えて人の妻と交わった貴族もいたという。江戸時代の遊女は、特定の客と相思相愛になると鉄漿《おはぐろ》をして、「漆塗りのような黒い歯を見ての通り、私はあなた以外の色に染まりません」との意思表示を行ったそうだ。男色の知音は、もとより「忍ぶ恋」が尊ばれ、そのような見せつけは行われなかった。若衆に手を出すには細心の注意が必要だっただろう。

［毛利隆元］御賞翫＝男色とは限らない

若族を「賞翫」した若侍の事件を見てきたが、史料に「賞翫」という表現があるからといってすべてが男色に結びつけられるわけではない。

例としては、『毛利隆元《たかもと》山口滞留日記』が挙げられる。これは大内義隆のもとに毛利隆元（一五二三～六三）が人質として出向いた時の記録だが、天文《てんぶん》六年（一五三七）十二月二十一日条に「御屋形様（大内義隆）へ太郎殿（毛利隆元）御賞翫にて候」とあるものの、これは「義隆が隆元を味わった」というのではない。

なぜなら同月二十九日条に「宝泉寺へ御賞翫になった」、翌月十一日条にも「御殿中で御能があり、隆元さまが御賞翫になり、土佐の公家も御賞翫になった」という記述があり、同史料で記される「賞翫」が男色ではなく、会席を意味することが確かめられるからである。

従ってこれは「義隆が隆元に宴会でもてなされた」程度の意味で読むべきものであろう。同月中、義隆は隆元を迎えるにあたり、丁寧にもてなしをしている。お互い入念に礼を尽くし、儀式的な振る舞いに徹しているかのようで、山本勘介が「大内家は何事も型通りだ」と言った通りである。

義隆が男色を常日頃嗜《たしな》んでいたかどうかは怪しむべきである。そのことは本章の冒頭でも示唆したから、ここで「男色で有名な義隆だ、そして賞翫だ」といって、男色と結びつける読者はもうおられまい。「知音」や「寵愛」等の紛らわしい表現と合わせて重々気を付けたいところである。

[宇喜多直家] 智将が仕掛けたハニートラップ

中国地方の謀将・宇喜多直家《うきたなおいえ》（一五二九〜八一）にも男色にまつわる逸話がある。

もっともそこはさすがに智将でも知られる直家。ただ男色を嗜んでいたという話に終始せず、どれも遠謀深慮の戦略として行われているのが特徴である（『古今武家盛衰記』）。

（直家が）土民の子と偽り縁を求め、（浦上）宗景《むねかげ》に仕ふ。生得美童、才智最深きゆえ、宗景悦び寵愛し、段々に取立て家老とす。

少年期の直家は父とともに所領を追われ、近隣の有力者浦上宗景に仕えることとなった。そこで直家は、宗景と個人的関係を深めて家中での力をつけていったという。しかしこの『古今武家盛衰記』は貞享《じょうきょう》年間（一六八四〜八八）成立とされ、直家の死からほぼ百年後の史料である。

また、近年は宇喜多氏と浦上氏が主従関係にはなかった可能性も指摘されている。軍記としては直家が下剋上をなした梟雄《きょうゆう》だったとする方が面白いので、そのようにキャラクター化してしまったということだろう。江戸時代に入って直家は、私情を捨てた決断のできる人物というイメージが定着していたようである。

さて、直家の真髄に触れる謀略劇として、元禄《げんろく》年間（一六八八〜一七〇四）成立とされる『龍《たつ》ノ口《くち》落城記』と、安永《あんえい》三年（一七七四）の『備前軍記《びぜんぐんき》』に記される男色話は、なかなかのものである。ここでは両者を整合させて内容を紹介しよう。

宇喜多直家は旧領砥石《といし》城を奪還すると勢力を拡大した。だがその途上に立ちはだかる宿敵がいた。松田元輝である。とりわけ元輝の配下である龍ノ口城主・穝所元常《さいしょもとつね》は、特に目障りだった。どうしたものか――思案する直家に家臣の一人が進言してくる。

（穝所元常は）武勇はありますが、色を好むこと甚《はなは》だしく、ことに美童を愛して常に召使っているという評判です。御譜代の子供のうちから美質な者を招き、謀《はかりごと》を与えて、手立てをもって城中へ入れ、たばかり討ってしまうことです。

ハニートラップによるだまし討ちを薦めたのである。

美質な者――と聞いて直家が目をつけたのは、清三郎という十六歳の小姓《こしょう》であった。清三郎は十二、三歳から直家の「御寵愛」を受ける身で直家もその性分をよく知っており、「緑髪紅顔いはん方なく、天上の仙童」が天下《あまくだ》ったかのような美しさを備えていた。

密命を託された清三郎は、様々に手を尽くして元常のもとへと近づいた。そして小舟の上で二人して尺八遊びをやりあって疲れたところで、元常に膝を貸して眠らせ、そのまま首を討ち取ったのである。喜んだ直家は清三郎を岡剛助《おかごうすけ》と名乗らせ、重用したという。

もちろんこれが史実とは思われず、同じ直家の一代記である『宇喜多戦記』（成立時期不明）では、男色の設定は使われていない。ここでは清三郎と同一人物であろう「岡五ノ助が」自ら進み出て、「私をわざと罪人にして逃亡せざるを得ないようにして下されば、刺客《しかく》となって元常を討って見せましょう」と提案したため、策を実行し、宇喜多方の凄絶な忠義と演技と謀略によって元常を欺き抜いて暗殺したという話になっている。こちらの方が文章や内容から見て成立時期が古いのではと思われるが、確証がないので推測に留めたい。

しかしやり方に大きな違いもないはずだが、他家によるハニートラップ話がすべて失敗に終わっているのに対し、直家の場合には見事成功してしまっているのが面白い。謀略家の宇喜多直家というキャラクターが合わさると、こうも中身が違ってくるのである。

［一条兼定］再会した寵臣が実は？

ついで四国にも、武将と男色の俗っぽい話が存在する。

土佐《とさ》の大名一条氏《いちじょうし》は土佐に土着した在国公家《くげ》領主として知られる。堂上方《どうじょうがた》・殿上人《でんじょうびと》の公家衆が出身の、戦国時代でも異例の地域権力者とされる。本拠の中村を「小京都」の如く発展させ、権勢を誇った。

だが五代当主の一条兼定《かねさだ》（一五四三～八五）は、長宗我部元親《ちょうそかべもとちか》（一五三九～九九）の侵攻を受け、退転を余儀なくされた。のちに豊後《ぶんご》の大友宗麟《おおともそうりん》から支援を受けて失地回復を狙ったが、元親にはかなわなかった。四万十川《しまんとがわ》の戦いに破れ、かつての旧臣にも見限られたのである。こういう経歴の持ち主であるから、後世は酷評に甘んじることとなった。

宝永《ほうえい》五年（一七〇八）に書かれた軍記『土佐物語』は、兼定を「性質軽薄にして、常に放蕩を好み、人の嘲りを顧みず、日夜ただ酒宴遊興に耽《ひた》り、男色・女色の評をなし」などと痛罵している。

死後百年余りもすると遠慮がなくなるのだろう。例によって「男色・女色」が無能の烙印として使われている。男色を好む大名は嘲笑の的であり、一代で失墜した大名に似つかわしい趣味とされたわけである。元親に駆逐され、歴史の表舞台から消えた兼定だったが、『土佐物語』はその後の姿も書き記している。

四万十川の敗戦後、伊予国《いよのくに》戸島に隠棲する兼定は失意のどん底にあり、自害さえ考えるほどであった。そんなところに「入江左近《さこん》」なる、もと「寵臣」がやってきた。

かかるところに入江左近が昔と変わった有様で、しおしおと現れた。入道殿（兼定）は左近の姿に「これは」とだけ言うと不覚の涙にむせび、昔や今を物語った。あまりの懐かしさに「今夜は一緒に語り合おう」と枕を並べて横になった。

二人は、男色の間柄だった設定に思われる。懐かしの旧臣が、晩年の主君を慰めるいい話――と思いきや軍記作者の筆は敗者に残酷であった。

入道殿が深く寝入ったところ、起き上がった左近は脇差《わきざし》を抜き、片腹に突き立てた。

久々に顔を見せた懐かしの寵臣は、元親の刺客だったのである！

負傷した兼定が「こは、たばかれたり」とわめき、驚いた人々が駆け付けたものの、左近はもう行方をくらませていた。暗殺は失敗したものの、ほどなくして兼定は亡くなってしまう。寂しい最期であったらしい。享年四十三――。

それにしても、元親はなぜ哀れな敗北者にわざわざ刺客を差し向けたのであろうか。情的に考えれば理解に苦しむところだが、兼定が死去するのは、秀吉が四国を征服しようと大軍を率いた頃である。秀吉軍に呼応した反長宗我部側が、兼定を担ぎ出す事態を恐れたというわけだろう。災いの種をそのままにはできなかったのである。

事件が事実かどうか定かではないが、『西国太平記』『元親記』『四国軍記』にも同様の話がある。ただしこちらは男色と無関係の、単なる刺客事件となっている。旧臣による襲撃がもし本当だったとしても男色は話の尾ひれであろう。

［立花道雪］　侍女が寵童に化けていく

豊後《ぶんご》の大友宗麟のもとには勇将立花道雪《たちばなどうせつ》（一五一三～八五）がいた。普段は鬼のように厳しいが、仁愛を知る大将であったとされ、次の話が元文《げんぶん》四年（一七三九）の『常山紀談《じょうざんきだん》』に載っている。

立花道雪が寵愛する侍女に密通する者がいて、道雪も気づかない様子であった。そこで道雪の真意をつかみかねた家臣が「東国のある大将は寵愛する女と密通する者を誅殺《ちゅうさつ》したそうですよ」とそれとなく言ってみた。すると道雪は高々と打ち笑い、「密通者を殺したところで色に迷う若者がなくなることはない。小さなことで命を殺めるものではない。国の大法を犯したのとは話が違うのだ」と告げた。

これを伝え聞いた件《くだん》の若者は、主君の仁愛に感じ入ったらしく、薩摩《さつま》の大軍に居城が攻められた時、「武士の討ち死にすべきところはここにあり」と劣勢の味方を守るため、孤軍奮闘したという。

美しい話だが、おそらくは中国・楚の「絶纓《ぜつえい》の会《かい》」——主君の妃にちょっかいを出したのを見逃された家臣が、後日忠義の戦死を遂げる話——に材を借りた作り話である。これが『常山紀談』の刊行から百年後の天保《てんぽう》十四年（一八四三）に刊行された江戸後期の『続武将感状記』になると、ほぼ同内容の記事でありながら、若者が密通したのは侍女でなく、「道雪の寵童」だったことにされている。後年、男色物の設定に変更されたのである。

もともと男色絡みでなかった話があとから変更される流れは、穏所元常の暗殺事件や一条兼定の襲撃事件の例で見た通りである。時代が下るにつれ、物語に刺激を求める傾向が強まり、スパイスのひとつとして男色が加味されたのであろう。

［薩摩島津家］義久に初物を譲る近衛前久

薩摩は他国以上に男色の気風が強いと言われるが、近衛《このえ》信尋《のぶひろ》の父近衛前久《さきひさ》（一五三六～一六一二）が薩摩の島津《しまづ》義久《よしひさ》（一五三三～一六一一）に宛てた書状はかなり生々しい（「島津家文書」）。

天正十八年（一五九〇）五月、在京中の義久のもとに飛脚が訪れた。すでに天下はほぼ統一され、京都以西に戦乱はなかったので、飛脚が来ることなど滅多にないことだった。一同、「すわ、緊急事態か」と顔をこわばらせたであろう。飛脚に握られていた手紙は、先の関白近衛前久の手によるものだった。中身はこうである。

昨日二人の間で話題になった「かさかき」（瘡掻き）の若衆が当所に来ました。もう瘡もなく、若衆は完治しております。盃《さかずき》を交わしたいのであれば時刻を移さず、いますぐ小物一人だけを連れ、急ぎ早馬でおいでなさい。「念者《ねんじや》之ある若衆」になってしまってはどうかと思い、沙汰には及んでいないですから、早く「御意」に懸けるべきです。これを伝えるのに、普通の使者では遅くなるので今回は飛脚を使いました。

なんのことはない。噂の若衆を招くのに成功したので、ほかの者が「念者」（男色関係）になる前に初物を召し上がれと勧めているのである。

二人の間で噂になっていたほどだから、類《たぐい》まれなる美少年だったのだろう。書状には追記があって、「気が進まないのでなければ早くおいでなさい。油断していては沙汰の限りとなります」と、なおも強く来場を要請している。ぼやぼやしていると誰が手出しするかわからないほどの妖しさを放っていた――というより、いまのところ「沙汰には及んでいない」前久自身の欲望がこの先どうなるか保証できなかったのだろう。

ところでこの若衆はどこから来たのであろうか。当時前久は、足利義政《よしまさ》が建てた相《しょう》国寺《こくじ》末寺の東山慈照寺《じしょうじ》（銀閣寺として知られる）に居住していた（『本光国師《ほんこうこくし》日記』慶長十七年八月二十五日条）。自身、ここで「東入道」と署名しているように、すでに出家しており、横に「意室」なる法号の署名も見える。若衆は禅林《ぜんりん》関係の出身であったに違いない。

島津家臣上井《うわい》覚兼《かくけん》（一五四五～八九）による日記にも、しばしば「御児《おちご》・若僧《わかぞう》達御酌」の記事が見える。近世初期においても禅林と武家の関係は継続されていたのである。

義久が若衆のもとに出向いたかどうかはわからないが、二人はその後も美少年に夢中だったらしく、二年後の天正二十年（一五九二）六月、肥前名護屋《ひぜんなごや》の秀吉のもとから離れて薩摩へ帰国する道中、義久（当時は号龍伯）が稚児を連れていたのを聞きつけた前久（当時は号龍山）が、書状（『旧記雑録《きゅうきざつろく》』）で意地悪く冷やかした。

ご帰国なさる際、「めづらしき御児」を連れ帰ったことが耳に入っております。いまのところつつがなく御寵愛なさっておられるのでしょうね。一笑〳〵。

義久を羨《うらや》ましがったのだろう。二人とも六十歳前後になるのに精力的なことであった。

若衆が関節痛の薬

豊臣秀吉が没し、関ヶ原合戦も過ぎた慶長十二年（一六〇七）正月頃、義久の弟島津義弘《よしひろ》（一五三五～一六一九）はある噂を聞きつけた。東山に隠棲する前久が恋路に浮かれて、周辺を歩き回っているというのである。「また前久殿が年甲斐もなく若衆遊びをしているのか」と思ったのか、義弘は前久を冷やかした。すると前久はムキになって否定した。若衆を近くに置いているのは事実だが、これには次の理由があるのだと抗弁した（『島津家文書』）。

年寄り筋《すじ》いたみ、わかき児などにさすられ候事、何より薬にて候と医者ども申し候により、稚児・若衆一両人召し寄せ、さすらせ候——。

年老いて筋が痛むのは、若い稚児にさすらせるのが何よりの薬だと医者も申すので、そうさせているのだという。前久は、「人の口に上ると分別の無い話になってしまったが、自分は若衆の助けがなくては起きて歩くこともできないのだ」とも言っている。もう七十二歳となり、五年後に没する身の上を想像すれば、さもありなんと頷《うなず》けるのだが、これまでの素行からすれば疑われるのも無理からぬことであった。

心外に思った前久は最後に、義弘に「あなたは若くない女中にもてているようで、これは予想もしませんでした。たびたび天下に隠れなき武篇《ぶへん》を召されたおかげでしょう。過去の栄光を取り戻しましたね」などと軽口を返している。

末尾に「一笑〳〵」とあって、冗談めかしているのが微笑ましい。それにしても筋の痛みを和らげるのに、わざわざ稚児・若衆の手を借りるとは珍しい療法だが、病は気からということだろうか。

戦場にかける恋

島津家では、ほかにも軍記『庄内陣記』にふたつの男色美談が見える。

内村半平という「十六歳、容顔殊《こと》に美麗」で文武に優れた若者は、性格も素直であったため、伊集院忠真《いじゆういんただざね》（一五七六〜一六〇二）の「小姓役にてもっとも寵愛の者」として片時も側を離れなかったという。慶長四年（一五九九）、この半平が志和池《しわち》城に籠城して戦っていると、敵方から矢文が飛来した。矢文は城主のもとに届けられた。

手紙を広げてみると、差出人は、内村半平と十四歳の春頃より「兄弟の契約」をし、「偕老《かいろう》の契《ちぎり》」を言い交していた春田主左衛門なる若者だった。半平と敵味方に分かれたまま今生《こんじよう》の別れとなれば「残念之儀」であるから、大将の慈悲で一日だけデートさせてくれというのであった。

普通なら「厚かましい願いだ」と黙殺されるところだろうが、城主はその通りだと思ったのか、「まことに世人の耐えがたきは、執愛恋慕の好《よしみ》なり」と半平に外出を許可するとともに、承諾の旨を矢文して寄せ手に返したのである。

城主の優しい計《はか》らいにより、二人は城外で一日ばかり酒宴を楽しむと涙ながらに別れて、またもとの陣営にもどったという。

もうひとつ、この志和池城の戦いには武彦左衛門《たけひこざえもん》の物語もある。戦いの最中、致命傷を負った平田民部《みんぶ》左衛門は、武彦左衛門を前に息も絶え絶えであった。二人は「兄弟の契約」を結んでいて交わりが深く、陣中では常に一緒だった。

「死を前にして、難しいことを頼みたいのだが、聞いてくれるだろうか……」

「愚かなことをお考えよ。死ぬ時は一緒のつもりなのだ。思い残すところがあれば一言も残すことなく言うがいい」

「俺は島津義久公へ二世（この世とあの世）への御供をお約束申し上げたのに、ここで死んでしまっては嘘を言ったことになる。だから、いつか主君が御逝去される節、わが名代《みようだい》となってはもらえないだろうか。こんな大事を頼んで申し訳ないが、貴殿以外に頼むべき人がいないのだ」

「そんなことなら心安く引き受けよう。少しも心配することはない」

「まことに……かたじけない」

彦左衛門が手を取る中、念友は息を引き取った。次は民部左衛門の辞世である。

立帰《たちかえ》り　又見るべきにあらざれば　我身ながらも形見成《なり》けり

そして慶長十六年（一六一一）正月二十一日、義久逝去の時、彦左衛門も末期《まつご》の約束を守って、殉死十五人の一人に加わった。その時の辞世。

ながらへて　か丶る浮世に逢坂の　水より清き我心哉《かな》

こうして彼は「平田民部左衛門尉《じょう》名代・武彦左衛門」と名乗り自刃した。どちらも珍しく美談の扱いをされているが、政治人事の絡まない純愛話であることが作用しているのであろう。しかし島津家の場合、それだけではないかもしれない。明治期までに薩摩では、男色に対する独特の気風を育てていたようだ。「二才《にせ》」と呼ばれる若者が「長稚児」（十一歳から十四歳まで）と「子稚児」（七歳から十歳まで）を生活指導する風習があり、少年愛を推奨する傾向がほかの地域より強かったと印象される。同じ九州地方から生まれた『葉隠《はがくれ》』に見られる、純愛と忠義が融合する萌芽を求めることができるかもしれない。

第七章　信長・秀吉・家康と男色——織豊期から江戸初期まで

三英傑の事例

最後に、天下人とされる織田信長、豊臣秀吉、徳川家康の家中における事例で代表的なものを見ていこう。

［織田信長］森蘭丸という架空の小姓

信長の寵臣《ちょうしん》といえば、誰もが森蘭丸《もりらんまる》（一五六五〜八二）を想起しよう。『絵本太閤記《えほんたいこうき》』等には「十二才にて仕官す。うつむいて菊の案内する小姓《こしょう》の句の如く信長の御伽《おとぎ》をつとめた」ということが書かれている。信長には五十人ほどの美童がいたが出世したのは蘭丸だけであったとされる。蘭丸（乱丸とも言われる）については、須永朝彦氏が名著『美少年日本史』（国書刊行会）にて、次の指摘をされている。

『信長公記《しんちょうこうき》』や『信長記』にも登場しますが、色っぽい事は書いてありません。逸話らしいものは、『常山紀談《じょうざんきだん》』『武将感状記《かんじょうき》』『志士清談《せいだん》』など、近世初期に成立した武将逸話集には種々掲っていますが、それも機転や武勇に関するものばかりで、美貌だとか「お手が付いた」というような記事は見あたりません。江戸も後期になって出た栗原柳庵《くりはらりゅうあん》の『真書太閤記《しんしょ》』に、漸《ようや》く「生年十八歳、色白くて長高し」という具体的な記述が見られるんですが、信憑性は云々するまでもないでしょう。

これではぼ言い尽くされているが、補足として、そもそも森蘭丸（および森乱丸）を称する人物自体、史料上に見ることができないことを説明しておこう。

文書を見ると、蘭丸のモデルであろう「森成利《なりとし》」は「乱法師《らんほうし》」を名乗っても、「蘭丸」や「乱丸」を名乗ったことは確認されない。「乱法師」は「森乱成利」などとして、元服したあとに名乗る実名の「成利」と同時に使われている。実名が幼名と同時に使われることは戦国時代にない。幼名は元服して実名を得た瞬間、捨てられるのである。

だから成利の名前についていうと、「幼名＝不明、仮名＝乱法師、実名＝成利」が正しい理解になる。成利を名乗る時は元服しているわけだから、もう小姓ですらなかったかもしれない。

美しき小姓蘭丸が信長の性愛を受けた――とするイメージは歴史物の小説や漫画では定番だが、そろそろ退《しりぞ》けられるべき俗説であろうと思う。

織田信長と前田利家

もう一人有名なのが前田利家《まえだとしいえ》（一五三八〜九九）である。信長との関係は『利家公御代之覚書』（別題『亜相公御夜話』『利家公御夜話』『菅利家卿物語』『陳善録』等）中の「鶴の汁話」に見えるとされる。それはおよそ次のように紹介される。

天正《てんしょう》某年——。

信長の新たな居城が安土山《あづちやま》に完成し、その祝いとして織田家の諸将が招かれた。鶴の汁の他、珍しい料理をたくさん揃え、引き出物まで用意した信長は、家老の柴田勝家に、「お前をはじめ、みんなよく働いてくれた。おかげで畿内を静謐《せいひつ》にでき、とても嬉しく思っている」と述べ、そのほか家臣一人一人に言葉をかけ、年来の働きを労《ねぎら》った。七、八十人ほどの家臣の末座には、前田利家もいた。利家に引き出物を手渡す時、信長は「若き頃、お前は我がそばに寝かせ、秘蔵したものであったな」と冗談を言い、その髭《ひげ》を引っ張った。

これを見ていた信長の近習衆が「利家殿のご冥加《みょうが》に、我らもあやかりたいものです」と羨《うらや》ましがり、舞い上がった利家は、鶴の汁をついつい食べ過ぎてしまった。おかげでそのあと腹痛になり、「鶴の汁」が苦手になってしまった。

利家は信長と添い寝する仲で、特に秘蔵されたというのである。男色《なんしょく》を暗示する逸話として知られている。

『利家公御代之覚書』は、利家の小姓だった村井《むらい》長明《ながあき》（一五八二～一六四四）が、利家から直接聞いた話を思い起こしながら書いたもので、加賀藩の重要史料のひとつとして数えられる。二次史料とはいえ、文献の成立も執筆者も明らかで、写本ごとで文章に違いが見られる点さえ除けば、史料として扱うのに有用とされている。同書の内容の多くは、利家自身の口から語られたものであろう。だが本当にこれをあけすけな男色話として受け止めていいのだろうか。

原文ではこう書かれてある。

（前略）末座に利家様、御座候えば、御引物下され候刻、利家様、若き時は、信長公傍に寝臥なされ、御秘蔵にて候と、御戯言。御意には、利家其頃まで大髭にて御座候。髭を御取り候て、其方稲生合戦の刻、十六七の頃（後略）

ここで要所要所を読み直してみよう。まずはこの部分からである。

利家様、若き時は、信長公傍に寝臥《ねふし》なされ、

なるほど、ここでは若き日の利家が信長の側で寝起きしたと書いてある。少年利家は、寝所で横になる信長の姿を間近で見ていた。しかし若武者が主君の寝所にいることは、別に不自然ではない。

戦国時代の大名は、領主から集めた子息や親類を小姓として使っていたが、彼らは召し使いであり、旗本の構成員でもあった。当の利家も「馬廻《うままわり》」、「赤母衣衆《あかほろしゆう》」として信長に直属する武辺者《ぶへんもの》だったことがつとに知られている。信長は若い時から敵が多く、誘拐・暗殺・拉致には充分警戒しなければならなかった。

こうした背景に鑑みると、若き日の利家は親衛隊の一人として、「宿直《とのい》」の番を務めていただけであるようにも思える。さて次である。

御秘蔵にて候と、御戯言《おざれごと》。

利家は信長の「御秘蔵」だったとある。だが「御秘蔵」とはどういう意味であろうか。「寝所で眠る大名の側に小姓がいた」という事実に、「御秘蔵」の表現を調和的に結びつけたくなる誘惑は抑えがたいが、ここでは別の可能性を考えてみたい。

傍証の材料となるのは『甲陽軍鑑《こうようぐんかん》』である。ここでは戦場から離脱する上杉謙信の軍勢が追撃された時、寡兵《かへい》で敵を食い止めた上杉方の甘糟近江守《あまかすおうみのかみ》が、態勢を崩すことなく友軍の撤退を支えたことで、「謙信秘蔵の侍大将の（中でも）甘糟近江守は、かしらなり」と称えられている。謙信秘蔵の侍で筆頭だと記されているのである。

この用例からも「御秘蔵」は、「とっておきの」とか「いざと言う時まで大切にされた」と解釈すべきで、必ずしも男色と結びつく言葉ではない。利家が秘蔵の親衛隊だったからといって、性的な関係が示唆されているとは限らないのである。では最後の一文を検討しよう。

御意には、利家其頃《そのころ》まで大髭《おおひげ》にて御座候。髭を御取り候て、其方稲生《いのう》合戦の刻、十六七の頃、――。

一読して疑問に思わなければならない。それまで「利家様、若き時」の話をしていたのに、ここで突然「利家其頃まで大髭」と書かれるのである。十代半ばの少年が大ヒゲだったという描写に違和感を持つべきである。ここを通りすぎて、次の「髭を御取り候て」だけを取り上げ、利家の髭を引っ張った信長が軽口を叩くシーンを想像すると、「やっぱり二人はそういう仲だったのか」ということになる。しかし、釣られてはならない。

この「大髭にて」と「髭を御取り候て」に見える「髭」(ヒゲ)の字を、「髭」ではなく「髻」(「たぶさ」、あるいは「もとどり」と読む)と翻刻《ほんこく》する資料もあるのだ(黒川真道編『日本歴史文庫〈十〉』集文館)。字面はよく似ているが、意味はまったく異なる。「髻」とは、頭上で束ねた毛髪(いわゆるマゲ)を前に持っていく髪型のことをいう。

これは筆写の段階で間違えられた可能性がある。「髭」と「髻」のくずし字は酷似していて判読が難しい。「髭」のままでは理解できなかった文章も、「髻」に読み替えれば、明瞭なイメージに置き換わる。

つまり利家は少年の頃、「おおたぶさ」だったのだが、十六、七歳でこれを「御取り」になり、月代《さかやき》を入れて元服した——というわけである。

ここから先の記述は、弘治《こうじ》二年(一五五六)から勃発した信長の家督争いの話になり、十代の利家が武功を立て、信長に褒められる展開となっている。

こうして見ると「鶴の汁話」は、過去の愛人関係がひけらかされた話ではないようだ。信長は「お前は元服してからの武功が目覚ましいが、表立って活躍する前から俺の身辺警備を務めた特別な家臣なのだ」と利家を持ち上げたのであって、「利家、若い頃はいつも俺と一緒に寝たものよな。うふふふ」と髭を引っ張ったのではない。

『信長公記』に登場する若衆

では信長が男色と無縁だったかというとそうでもない。『信長公記』を見てみよう。

天文《てんぶん》二十一年（一五五二）頃、信長が堅固な清洲《きよす》を攻め取るには、どうしても内応者が必要だった。そこで信長に味方する簗田《やなだ》弥次右衛門なる者が、清洲城の那古野《なごや》弥五郎《ごろう》という人物と「若衆《わかしゅ》かたの知音《ちいん》」――つまり男色の関係を結んだ。弥五郎は十六、七歳の若さで三百人もの手勢を持っていたので、信長が清洲を攻めた時、裏切り効果は抜群だった。これにより簗田弥次右衛門は大いに褒賞されたという。

信長は男色を利用する謀略家だったのだ。そして信長自身にも寵愛《ちょうあい》する小姓がいた。

永禄《えいろく》五年（一五六二）六月、於久地《おぐち》城を攻めた時、「御小姓衆」が惣構えを突破し、城内へ押し入った。ここで悲劇が起こった。「上総介《かずさのすけ》殿（信長）御若衆にまいられ候、岩室長門《いわむろながと》」が討ち死にしたのである。「信長、御惜しみ大方ならず」だったというから、贔屓《ひいき》の小姓だったのだろう。もちろん「御若衆」と書かれているからといって寵童だったとは限らない。

だが「人の若衆を盗むよりしては、首を取らりよと覚悟しに」（『犬徒然《いぬつれづれ》』）の小唄を好んで歌っていたとされる信長である。簗田弥次右衛門と那古野弥五郎の記述からも、『信長公記』に見える「若衆」の表現はそういう意味で統一されていた可能性が高い。岩室長門との関係も、あるいはそうだったのかもしれない。

［柴田勝家］「子共」を寵愛せしめるな

信長だけでなく、織田家中の武将についても見てみよう。

天正三年（一五七五）、信長は家老の柴田勝家（一五二二〜八三）に越前国《えちぜんのくに》を預けた。その時、統治の心得として与えた「掟条々《おきてじょうじょう》」の第六条には次のように書かれている。

大国を預け置くからには万端に気遣いし、油断があってはならない。武辺を第一とすることが簡要で、五年十年先を見据えて武具・兵糧《ひょうろう》に気配りすること。

所務については欲を捨て、間違いないようすること。

子共を寵愛せしめて、猿楽《さるがく》・遊興・物見遊山《ものみゆさん》にふけらないこと。

大内義隆《おおうちよしたか》などと違って、「武辺」が「猿楽・遊興・物見遊山」より大事とされたところが注目されるが、それよりも目を引くのは最後の「子共を寵愛」するなという部分である。

様々な解釈が可能だが、良寛《りようかん》のように無邪気に子供と遊ぶことを禁じたのではなく、「稚児《ちご》趣味は程ほどにしておけ」と訓戒を垂《た》れたのではなかろうか。

勝家は男色に苦い思い出があった。昔、信長が争った実弟の織田勘十郎には、津々《つづ》木《き》蔵人《くろうど》という「御若衆」がいた。当時勝家は勘十郎の家臣だったが、信長への返り忠を決断した。その理由のひとつが、寵に奢《おご》った津々木蔵人からの「蔑如《べつじよ》」にあったという（『信長公記』）。勝家は蔵人に恋慕して横降りでもされたのだろうか。それとも男色で出世する軟弱者と気が合わなかったのだろうか。細かいことはよくわからない。

［織田信雄］助けた美童に溺れる

寛永《かんえい》十五年（一六三八）以前の成立といわれる『勢州軍記』（神戸良政著）には、信長の息子である織田信雄《のぶかつ》（一五五八～一六三〇）の男色話が掲載されている。

信雄は武将としての評価が低く、この軍記も「信雄、好んで士卒の将を殺すなり」と終始信雄への辛辣《しんらつ》な態度を貫いている。男色の逸話もご多分に漏れず、ほとんど醜聞の扱いとなっている。

信長は謀反した荒木村重《あらきむらしげ》の残党狩りをしていたが、高野山《こうやさん》に隠れた者がいたので差し出すよう使者を遣わした。

だが高野山は使者を殺害。激怒した信長は諸国の高野聖《ひじり》を捕殺することにした。伊勢《いせ》に知行を持つ信雄・信孝《のぶたか》兄弟にも命が下り、二人は領内数百人の聖が殺されるのを、床机《しょうぎ》を並べて眺めていた。

すると生き延びた十五、六歳の聖がいて、これがなかなかの「美童」だったから信雄は助けてやることにした。

これを笑う信孝は、家臣と一緒に「尻ゆへにこそ命助《たすか》れ」「蜘蛛の糸、哀れにも引出して」と詠《よ》み合って馬鹿にした。信雄は道也《どうや》と号するこの聖を重用した。

これに次の教訓が続く。

近年来、武家は男色を用い、考えなしに多愛して権力を与えてしまう。それが互いの不仲を生み、主従滅亡の原因となる。周《しゅう》の武王《ぶおう》が太公望《たいこうぼう》を、漢《かん》の高祖《こうそ》が張良《ちょうりょう》を得て天下を収めたように、大将は隠れた賢者を引き立てねばならない。それなのに男色に溺れて佞臣《ねいしん》を愛し、知行を多く与えて国を乱す人が多い。

のちに信雄は家臣の統制を誤って衰退したことから、美童の聖を助けて可愛がったのを暗君の行いとして非難しているのであろう。以前にも信雄は、捕虜にした「無双の若衆」である十五歳の波多瀬《はたせ》三郎を助命したことがあった。

同軍記はほかに、滝川一益《たきがわかずます》（一五二五～八六）が伊勢出身の木股彦次郎を「男色の愛」により名字を与え、滝川豊前守《ぶぜんのかみ》（忠征）を名乗らせたことを記している。滝川氏もまた、時代の流れに対応できず衰亡していったことから、冷淡な扱いを受けているのかもしれない。

う。

［豊臣秀吉］筋金入りの女好き

戦国の逸話を集めた近世史料の『老人雑話』から豊臣秀吉のものを拾いだしてみよう。

羽柴長吉《ちょうきち》は太閤（豊臣秀吉）の小姓、比類なき美少年なり。太閤ある時、人なき所にて近く召す。ひごろ男色を好み給《たま》はぬ故《ゆえ》に、人みな奇特の思ひをなす。太閤問ひ給ふは、汝《なんじ》が姉か妹ありやと。長吉顔色好き故なり。

ちょっとした笑い話である。男色に興味のないはずの秀吉が美少年を呼び寄せて、二人だけになった。はて、殿下にそのような趣味はないはずだが——人々が首を傾げあっていたら、なんのことはない。「お前に姉か妹はいないか？」と尋ねたのである。

小姓には実在のモデルがいたと思われ、京都市の伏見区桃山に、「羽柴長吉　東・中・西町」の地名がいまに残されている。これが屋敷跡とすれば、長吉の発音から幼名ではなく仮名であろうか（幼名は訓読み、仮名は音読みが一般的）。京極《きょうごく》氏の諸系図を見ると、京極高知《たかとも》の娘が「豊臣家の臣羽柴長吉」の室となっていて、注目される

『寛政重修諸家譜』『系図纂要』）。実際は長谷川秀一の息子秀弘のことであろうか。

　出典となる『老人雑話』は、儒者・江村専斎《えむらせんさい》（一五六五〜一六六四）が口述した逸話によって構成された随筆集で、まるっきり創作の話とも思われない。

専斎は信玄や信長が威を振るっていた永禄八年（一五六五）の生まれというから、まさに戦国の生き証人である。秀吉と小姓のやり取りも作り話とは決めつけられない。

逸話が事実かどうかはともかく、「こんな話が伝わったのは、当時の武家社会では女色オンリーの性欲が異端視されていたからである」という強引な主張がある。

さらには、「秀吉は生まれながらの武士ではなかったから、男色に馴染みがなかった」とつけ加えられることもある。一見説得的だが、高坂昌信《こうさかまさのぶ》や河田長親《かわだながちか》も百姓出身と伝承されてきたことを思うと容易には首肯できない。むしろ、男色に興味がない秀吉のもとに美しい小姓がいた意味を考えるべきである。男色に関係なく大名は小姓を側に置いたのである。

ともあれ秀吉が女色一筋だったイメージは古くから定着していたようである。

異聞に見える秀吉の男色話

それでも秀吉が男色趣味に親しんだとする異聞が三つほど存在する。

ひとつは石田三成が男色の寵愛を受けて出世したという、『石田軍記』の話である。

或時《あるとき》、秀吉公参詣の折節《おりふし》に御覧じて、挙動艶《えん》に立居他に勝れて見えければ、即《すなわ》ち召して夜閨《ねや》を同うし、玉枕《ぎょくちん》を比べさせ給ひ、周の慈童、韓の東野が振舞を作しにける。

気になる信憑性の方だが、三成が直江兼続《なおえかねつぐ》と組んで家康を倒し、上杉景勝《かげかつ》も暗殺して天下を分け合おうとするトンデモ謀略が描かれる時点で察しが付くであろう。タイトルからは三成を称える内容が想像されるが、実際には神君家康公に楯突いた三成を非難し、人格を貶《おとし》める内容となっている。史書というよりは文学作品に近い。

二つ目は『陰徳《いんとく》太平記』である。巻六十九「吉川経言《きつかわつねとき》毛利秀包《ひでかね》被上大阪（坂）事」にも秀吉が美少年を好んだ話が見える。大坂へ上がった小早川隆景《こばやかわたかかげ》が同行する毛利秀包をしばらく大坂に留めたい旨を伝えると、秀吉は「男色美麗」に「耽る心」があったため、喜んだという逸話がある。

のちに毛利秀包は秀吉の意向で大名に取り立てられているが、もとより潤色の多い軍記で作者の歴史観および道徳観で登場人物が浅ましい欲望に操られて動かされているので、この逸話も信用できるものではない。

それともうひとつ。南方熊楠《みなかたくまぐす》（一八六七～一九四一）が「織田信忠は秀吉を念者とし、特に懇意なり」と書き、菊池寛（一八八八～一九四八）も『太閤記』等に織田信忠と秀吉の男色が記されていると語っている。主君織田信長の息子である信忠と肉体関係にあったというのだ。

だが、『太閤記』と題する文献は複数あり、その代表的な『甫庵《ほあん》太閤記』および『川角《かわすみ》太閤記』等初期のものにそうした記録は見られない。江戸時代中期以降、演劇用に成立した『絵本太閤記』やその他の派生作品にあったとしても、すでに菊池寛が指摘するように「信長信忠父子の死後、息子の信孝と男色関係にあった柴田勝家が、信忠の子息を取り立てて争う」ストーリーを演出するため創作されたものであろう。もちろんそのほかの史料を眺めても信忠と秀吉の特別な関係を見出せず、信長が大切にする長男に成り上がりの家臣を抱かせてよしとするようにも思われない。

ここはやはり『老人雑話』に見える人物像がしっくりくる。秀吉の関心は女性にしか向かなかったのであろう。

石田三成と大谷吉継

秀吉と三成の関係が出たところで、石田三成（一五六〇～一六〇〇）自身の男色についても触れておこう。

寛永七年（一六三〇）生まれの貝原益軒《かいばらえきけん》が書いた『朝野雑載《ちょうやざっさい》』には、三成が小幡助《おばたすけ》六《ろく》（信世）なる「勝れたる美童」を寵愛した話が見える。

（小幡）助六は勝れた美童であったので、三成はこれを見て大いに悦び、たちまち召しかかえて寵愛を深くした。もともと助六は才智を備え、忠義を専《もっぱ》らとする者であるから、三成は段々と取り立てて、領地に二千石を与え、近臣の総頭を申し付けた。

言うまでもなく信憑性の高い史料ではない。同書は三成と大谷吉継《おおたによしつぐ》（一五五九？～一六〇〇）の関係にも「男色の艶契《えんけい》」があったとしている。

関ヶ原合戦前夜、吉継は上杉討伐に向かう家康軍に参陣すべく伏見を出た。しかしその前に秀吉の左右に近侍した頃から、「男色の艶契」にあった三成に一度会っておくべきだと考え、佐和山《さわやま》城に立ち寄った。すると三成はともに家康を打倒すべきだと説いて、吉継を味方につけたという。

同時期、元禄《げんろく》九年（一六九六）成立の『武功雑記』にも次のように記される。

石田治部少輔《じぶしょうゆう》（三成）は、たびたび大谷刑部少輔《ぎょうぶ》（吉継）に叱られ、または頭を張られることもあった。石田は大谷に恋慕して知音《ちいん》になった。それからは頭を張られても、かたじけないと言わんばかりに持てなした。

二人の関係に性的なものがあったことが示唆されている。

だが吉継は天正十四年（一五八六）の段階で「大谷起之介（吉継）ト云小姓衆、悪瘡気ニツキ」（『多聞院《たもんいん》日記』）と記録されており、若い頃から皮膚に重病を患っていた。吉継には複数の子息がいる（実子でない説もある）が、武家の生殖は政治であり、病苦を押してでも行う必要があっただろう。しかし男色はどうであろうか。医学の発達した現代ならともかく、この時代に重病を煩いながら、知音を楽しむ欲求が生まれ得たかどうかはよく考えなければならない。

三成には複数の男色話があるものの、真実味では決め手に欠けているのである。

男色と無関係に取り立てられる子飼いたち

秀吉に立ち返ってみると、男色に興味のない主君だったが、多くの若者を「子飼い」の武将として手元で育て、大名に取り立てた。名を挙げれば加藤清正や福島正則《まさのり》、大谷吉継、そのほか数多くいて把握しきれないほどである。

もちろん豊臣子飼いの武将たちは、いずれも秀吉と男色の関係にはなかった。それでも彼らは主君の厚意を後ろ盾に華々しく出世し、恩義に報いるべく必死になって忠節を尽くした。近侍する少年に自身の世話をさせ、立派に育てたのち、高い身分に出世させる——構図的には足利義満《よしみつ》やそのほかの大名と何ら変わるところのない人材登用術である。

秀吉の例を見てもわかるように、男色など介在せずとも子飼いの家臣を育てることはできた。特別の贔屓《ひいき》で取り立てられた家臣の出世を、安易に性愛の賜物に結びつけるべきではないように思う。

［徳川家康］御座を直した井伊直政の浮気話

徳川家康（一五四三〜一六一六）は徳川四天王で知られる、井伊《いい》直政《なおまさ》・酒井忠次《ただつぐ》・

榊原康政《さかきばらやすまさ》・本多忠勝《ただかつ》のうち、二人と関係していたという。出典は『甲陽軍鑑』である（品第十七と品第五十九）。

榊原小平太（康政）〈是、家康御座《おざ》をなおしたる者なり〉

万千代《まんちよ》（井伊直政）と云《いう》、遠州先方衆侍《さきかたしゆう》の子なるが、万千代近年家康の御座をなをす。

むろん事実確認は困難である。『甲陽軍鑑』の原著者は、信玄の寵を受けて取り立てられたため、周囲から反発されたが、これをバネに実力を見せ、信玄の人を見る目の正しさを証明できたと誇っている（品第五）。そうした経歴から「男色の寵を受けた者が出世して何が悪い」との思いから、こういう（傍目には）どうでもいい噂話をわざわざ書き記したのかもしれない。

ところでこの直政にはちょっと面白い伝承がある。安永《あんえい》二年（一七七三）に編纂されたとされる『新東鑑《しんあずまかがみ》』に紹介される逸話である。

元和《げんな》五年（一六一九）、家康の家臣である安藤直次《あんどうなおつぐ》（一五五四～一六三五）は徳川頼《より》宣《のぶ》の付家老に任じられたが、住み慣れた地を離れたくなかったものか命令を拒んだ。すると家康は土井利勝《どいとしかつ》を通して、「これまで二度切腹の罪を見逃してやったのを忘れたか。その恩を思えば、否とは言うものではないぞ。早くも忘れたと言うのか」と厳しく言い聞かせた。家康の口上を伝えた利勝は、二度の罪とやらが何であるかを知らなかったが、直次には思い当たることがあった。

もう四十年ほども昔の話になろうが、過去、直次は「家康公の愛童・井伊万千代」に二度ばかり情を通じようとしたことがあったのだ。横恋慕である。

一度目は逢瀬を楽しんだあと、「寝道具の葛籠《くずかご》」に隠れて無事に帰宅した。二度目は室内で万千代といいムードで語りあっていたところ、家康の近づく気配が感じられた。万千代はあわてて室外に飛び出し、「今宵は障《さわ》りがありますので、お入りにならないで下さい」と家康に伝え、戸を閉じた。家康は、「なんじゃ、顔色がおかしいぞ」とこぼしてそのまま廻れ右をして帰って行った。

以来、直次は事態の発覚をずっと恐れていたのだろう。だから二度の罪と言われて、すぐにこの事件を思い出せたのに違いない。それにしても、もし本当にこのことを言っていたとしたら、家康は寵臣が寝取られるのを黙って見ていたことになる。器量があるというべきか陰気というべきか。どちらにしても家康らしい逸話であるのかもしれない。

　万千代こと直政は家康の忠臣として知られるが、これも家康に浮気の事実を難詰され、その反動で忠義第一となったのか、あるいは後ろめたさを抱えながら主君に心酔していたのか、この物語ではどういう存在だったのだろうか。少し気になるところである。

　なお、直次はその後、頼宣の家老として精勤したようである。


【文庫版加筆】［松平信康］佐橋甚五郎と甘利三郎次郎

　家康の嫡男絡みでも有名な逸話がある。

　三河《みかわ》の佐橋甚五郎《さばしじんごろう》は徳川家康の長男三郎信康《のぶやす》（一五五九～七九）に小姓として仕えていたが、出奔して武田勝頼《かつより》に仕官した。が、今度は武田家臣の甘利《あまり》三郎次郎を殺害して刀を奪い、徳川家に帰参を願い出た。しかしこうした「悪事」がばれてまた逐電《ちくでん》したという（「佐橋家系図」）。

　この甚五郎、別の記録を見てみると、その経歴は男色に彩られている。『参河後風土記《みかわごふどき》』（巻十六）は、甚五郎が「美童にて信康卿寵愛」されたとあり、さらには武田家でも勝頼に寵愛され、元服後も奉仕し続けたという。しかし勝頼の小姓である甘利二郎三郎なる「無双の美童」にしつこく言い寄って断られ続けたため、恨みのあまり遠征先の陣屋で寝首を掻いたという。

しかも甘利の刀が立派だったので、自分のものと取り換えてしまった。そういう性格の悪さが家康に嫌われたという話となっている。同書は偽書説が指摘されており、おそらくこの逸話も後世の創作であろう。

これまで見てきたように江戸時代成立の戦国物には、無暗《むやみ》に美童が現れて寵愛されるが、いつも都合よく美少年が現れるのは不思議である。美童だからといって戦国大名の側近くに「渡り小姓」として易々と召し抱えられることも、そうはなかっただろう。戦国時代は家臣から顰蹙《ひんしゆく》を買うと、いつ首のすげ替えをされるかわからない。もちろん江戸時代にも「主君押し込め」はあったが、乱世には次元の異なる危険が待っていたわけである。軍記物の類でよく見かける、好色で身を滅ぼす大名の話は、「こういうことをすると、世が世なら命を獲られるのだぞ」という書き手の気持ちも含まれているのではないか。

【文庫版加筆】［徳川秀忠］将軍が寵臣二人の浮気に激怒する

元和二年（一六一六）十二月二十七日、江戸幕府二代将軍・徳川秀忠《ひでただ》は、御花畑番

頭の成瀬《なるせ》豊後守《ぶんごのかみ》（正武《まさたけ》）を吉祥寺において、御小姓の小山長門守《おやまながとのかみ》（吉久《よしひさ》）を新知恩寺（または西福寺）において、それぞれ切腹を命じた。

その原因は「秀忠公御寵臣」であるはずの長門守と豊後守が「衆道知音」したことにあったという。自分の愛人たちが肉体関係にあることが許せなかったらしい。ただし、秀忠も弁解の余地もあるだろうと両人に使者を二度遣わし、内々で注意するだけに留めていた。

ところが二人はその後も反省することなく、関係を重ねていたので、上意に背いた罪で腹を切らせることにしたのだという。

この浮気を原因とする切腹説は、『元寛正説《げんかんせいせつ》』『寛政重修諸家譜』などに見えるが、史料によっては別のことを書いてある。

例えば、『武功雑記』は、二人の切腹を「大坂落城之極月廿七日」などと大坂夏の陣があった年であることを強調し、同日中に大坂に内通していた青山石見守と、大坂から幕府に人質として差し出されていた大野弥十郎を切腹させたことに触れている。時期的には、この合戦において、成瀬と小山が徳川に不忠を働いた疑いがあることを視野に入れる必要があろう。

なお、二人の罪状は「其年六月御参内之時分女中ノ隔屋へ忍入テ無作法タルノ由」

とあり、将軍の参内中、禁中女院の侍女の部屋にこっそり入って戯れていたことが原因とされている。

これには同時代史料の裏付けもある。『本光国師日記』元和三年正月六日条に、「成瀬豊後殿・□□長門殿、御法の儀に背かれ候て、旧冬廿六日」に切腹を申しつけたとあり、原因についても「去年御在京之時、禁中にて局方《つぼねかた》へ休息に立ち寄られ候科《とが》と相聞こえ申し候」と記している。

幕府の顔に泥を塗ったことが原因と見て疑いなさそうだ。

ちょうど夏の陣が終わったのが同年五月である。幕府の天下を脅かす不穏分子、その権威に傷をつける不逞の輩は、綱紀粛正のためにもけじめを付ける必要があった。粛正の背景をそのまま語ってしまうことは幕府に畏れ多かったので、アリバイとして男色話が付け加えられていったと考えるのが妥当だろう。罪人のことであるから、二人が男色関係にあったと創作する側に後ろめたさはない。死人に口なしである。

エピローグ　江戸時代の武家男色、その隆盛と衰退

世の秩序を乱しはじめる男色

男色《なんしょく》は僧院から武家の中央へ入り（吸収期）、広域に浸透していった（途上期）。戦国の世には上下左右からの緊張を受けてよく自制され、政治とは距離を置く態度が主流であった（純化期）。

だが、天下泰平となるとそうした秩序意識が失われてくる。特別な階層が、密室で行っていたものが下層へと流れるに従い、衆目を集めるようになった。その過程で、従来の慣習から逸脱する粗暴な男色愛好家が現れたのである。

毛利家の男色禁止令

慶長《けいちょう》十三年（一六〇八）五月十三日の「毛利《もうり》宗瑞《そうずい》（輝元《てるもと》）法度《はっと》」を簡単に紹介しよう。便宜上それぞれに条番号を付している。

一、「かふきひと（傾き人）」の振る舞いをしてはならない。

二、若衆《わかしゅ》、知音《ちいん》停止《ちょうじ》の事。もし、隠れて知音を行えば二人とも同罪に申し付ける。以前からの知音であっても今日で義絶するように。

三、辻相撲をしてはいけない。
四、鈴をつけた猟犬を無暗《むやみ》に打ち殺してはならない。
五、他人の猫を勝手につないではいけない。
六、小者は、博打に耽《ひた》ってはならない。石垣の詰石《つめいし》を抜くことや落書きもしてはいけない。

一条目の「かふきひと」とは「悪人で徒党を仕り、下知《げち》を軽んじ、諸人を侮《あなど》り、筋なく武篇《ぶへん》に過ぎる」者を言っている。

三〜五条も、当時の情景が思い浮かばれる法度である。わざわざ犬猫に関する法度を立てるところなど、一見するととても微笑ましい。だが、六条目については恐ろしい背景がある。慶長十年（一六〇五）、城普請《しろぶしん》を命じた家中の者同士が、小石を盗み合って互いの足を引っ張る事件があって作業が遅れた。これに激怒した輝元が関係者を誅殺《ちゅうさつ》する事件があった（五郎太石事件）。こうした過去の惨劇に因《ちな》む、厳しい法度なのである。

ところで、ここで注目されたいのはやはり二条目である。これは事実上の男色禁止令で、これまでの恋人とすら即刻別れろというのだから、相当厳しい内容である。

なぜ毛利家ではこんな過酷な法度を出したのだろうか。

原因が何であるかは明記されていないが、法度が出される直前の毛利家文書を見渡すと、二ヶ月前に、直接の契機となったらしい騒動が確認される。

同年三月、毛利家臣の桂《かつら》三左衛門元時《もととき》が町人と口論に及んだ挙句、百人もの人数で大暴れする「前代未聞」の派手な喧嘩をした。激怒した輝元は切腹を命じ、「あれ（五郎太石事件）以来、法度をきつく申し聞かせてきたのに、またこんなことが起きてしまった」と憤怒している。この元時切腹が、毛利家の法度を再整備させる発端となったのだろう。

さて、領内に「男同士の恋人はいますぐ別れろ」などと無理難題を出した輝元だったが、そのあと毛利家で男色が消え失せたかというと、どうもうまくいかなかったらしい。五年後、輝元は繰り返し「あたらしき知音」を作るなと説いている。

それだけではない。「なぜ新しい男色相手を作ってはいけないかというと、前々からの知音之衆を粗略にしてはいけないからだ」という主旨の説明までしている。「以前からの知音」を義絶させることができなかったことで、後付けの説明が必要とされたのである。

上杉・吉川・池田などの諸藩も男色禁止

もっとも男色禁止令を出したのは毛利家だけではない。慶長十七年（一六一二）八月には、米沢の上杉景勝《かげかつ》が男色禁止令を発布している。

こちらも「若き者の儀はもちろん、何者なりとも知音（男色）申し合い致すまじきこと」と、領内における男色をほとんど全面的に禁止している。直接の動機は不明だが、上杉家の目的も毛利家と同様、家中の引き締めにあったに違いない。

そして元和《げんな》三年（一六一七）四月には、岩国の吉川広家《きっかわひろいえ》も「人と知音と号し、殊《こと》に新たに申し合うことは停止《ちょうじ》すべきである。殊に誓詞など取り替え、入魂《じっこん》するなどあってはならない」と今後新たに男色の関係を結ぶことを禁止している。

承応《しょうおう》三年（一六五四）三月には、姫路の池田光政《みつまさ》が「児小姓《ちごこしょう》への不作法な男色をすぐ絶つように。申しかけられても同心してはならない」と家中から誓詞を取っている。四年後の万治《まんじ》元年（一六五八）になると、光政は「若者どもが衆道《しゅどう》を流行らせたら、聞き届けてそれぞれ罪を申し付ける」、「男色ハ大きなる不義」だと断罪している。

このように断固たる意志でもって男色を否定する大名もいたのだ。

忌み嫌われる男色

こうした男色禁止令が出されるのには理由があった。

享保《きょうほう》年間（一七一六〜三六）に新見正朝《にいみまさとも》が書いた『むかしむかし物語』によると、当時は若衆《わかしゅ》や小姓《こしょう》が原因による喧嘩・騒動が絶えなかったのである。

昔は衆道ということがあった。十四〜十八歳の男子は容姿がよくてもそうでなくても、念者《ねんじゃ》というものを持たない若衆は一人もなかった。これを兄弟契約と称し、また男色とも言った。ややもすればこれが原因で、大きな出入りがあり、親類であろうとも討たれることがあった。大喧嘩で人が死ぬことも夥《おびただ》しかった。

衆道で大喧嘩を好む若者は、派手好きの伊達者であったという。かぶき人である。男色はかぶき人に無用な騒動・殺人を巻き起こさせる災いの種だった。

かぶき人の構成員は二十代前半にして「生き過ぎたりや」（『慶長見聞集』等）の信条をひけらかす刹那《せつな》的な若者だった。その無軌道な生き方は、些細なことから泰平の世に暴力を持ち込んだ。

岩佐又兵衛／筆「豊国祭礼図屏風 右隻 6 扇中部（かぶき者）」
右隻並扇の左上方に描かれた喧嘩する牢人たち。市中で行われるかぶき人の喧嘩（徳川美術館所蔵 提供：徳川美術館イメージアーカイブ /DNPartcom）

大名はかぶき人を嫌い、しばしばこれを取り締まった。同様に、男色も停止が図られたのである。

若道・衆道＝小児性愛の性暴力

それにしても市街地での喧嘩を憂慮してのことなら、騒《そう》擾《じょう》だけを厳罰化すればよかったはずである。しかし諸大名は「今後は知音を申し合うな」と、男色自体の廃絶を試みた。まるで泥酔者による騒動をなくすために、酒そのものを規制した禁酒法の発想である。これには理由がある。

先学であまり指摘されないが、男色を忌み嫌う層は古来よりサイレントマジョリティの如く存在した。日本において男色が批判されたのはキリスト教伝来からと言われるが、実はそうではなかったのである。

室町時代の宝徳《ほうとく》二年（一四五〇）作とされる『若気嘲弄物語《にやけちようろうものがたり》』は、僧侶の男色を批判する内容である。近年の災害や不幸は、男色に対する天罰ではないかとすら書いている。

寺院という密室で行われていた男色にすら、辛辣《しんらつ》なまなざしが向けられていたのである。これが上級武士に入り、そして下級武士から牢人・かぶき人に流れ込むことで、男色に関わりたくない、あるいは男色を蔑視する人々のヘイトを集める事態となってきた。

慶長十一年（一六〇六）六月、かぶき衆が後藤家および茶屋《ちやや》家の妻女を道中に襲い、従者を縛り付けると「声を立てると切り捨てるぞ」と脅かしていたぶったという（『徳川実紀』）。しかも彼らは女性ばかりではなく、少年たちをも狙った（『むかしむかし物語』）。

生まれつき見た目のいい少年を持つ親は昼夜、巻き込まれるのを心配して、

（わが子を）深窓に込めて油断せず、外出する時も同道していた。

少年の貞操を脅かしたのは、派手な金鍔《きんつば》の刀を好んで差料とするかぶき人たちであった。

僧院や一部の武士にだけ行われていた時期は、仮に少年たちが「児店《こみせ》」を介して買い取られた身であっても、相思相愛が建て前とされ、子供たちへの一方的な虐待を回避あるいは糊塗《こと》しようとする意思があった。だが、閉ざされた習俗が外に出ると、もうそこに同好者同士で築き合ったルールが通用しなくなったのである。

江戸時代には、若者による少年強姦が横行するようになる（氏家幹人『江戸の性談』）。

文政《ぶんせい》十三年（一八三〇）三月、福井藩では「近頃、衆道の流行で藩内の子弟が安心して文武の稽古に通えずにいる。男色は控えるように」とのお達しが出されている。

嘉永《かえい》四年（一八五一）十二月、土佐《とさ》藩では盛岡貞馬なる侍が城下を歩いていると「盛ン組」の若者たちに襲われ「男色ノ為メ辱《はずかし》メヲ受ケタ」という。その後、親族会議で「武士の面目を失った貞馬は隠居すべきだ」という意見が飛び出した（『保古飛呂比《ほごひろい》』）。

また、薩摩《さつま》の男色賛美の物語である『賤のおだまき』や薩摩琵琶『庄内合戦』では、主人公がほかの若者に「慰みもんにせん」とされそうになる描写が繰り返されている。明治期には、森鷗外の『ヰタ・セクスアリス』にも十二歳の主人公が寄宿舎の先輩たちから強姦されそうになるシーンがある。この時は騒動を聞きつけた書生たちが、二、三人で「よせよせ」と駆け付けたので難を逃れた。重要なのは主人公が男色を嫌がったことと、声を聞きつけて救出せんとした書生がいたことである。

このような状景は室町から戦国時代までには、まず見られなかったものである。

幕府もついに男色を禁ずる

慶安《けいあん》五年（一六五二）四月、ついに幕府も「衆道之儀」による無体《むたい》を禁じた（『正《しょう》宝事録《ほうじろく》』）。

一、「衆道之儀」につき、町人の少年児童や小姓に文を送って「無体なる儀」を申しかけることは、堅き御法度である。今後それでも違背する者があれば、きっと曲事《くせごと》とする。

ここで幕府は、少年に文を送って無体なことをさせようとするなと戒めている。艶文によって合意を求めること自体が「無体なる儀」とされているから、男色はむごいことだとの認識があったのだろう。現行の刑法では、合意の上でも十三歳未満の女子との性行為がすべて強姦罪となるのに似ている。

幕府は翌年の承応二年（一六五三）五月にも男色の禁令を出している（『正宝事録』）。この頃、町中で衆道の「出入り」（＝喧嘩）のあることが認められる。以前より堅く御法度としているように、「衆道の儀」を申しかける者については、（喧嘩に加わらなくても）その者まできっと曲事に申しつける。

ここでも男色の「申しかけ」（＝誘い）自体が犯罪とされている。そして六月、幕府は繰り返し布告する（『正宝事録』）。

前から申し触れるように、「若衆狂い」は、堅く行うべからず。

幕府は男色を敵視したのである。時は徳川家光《いえみつ》の子、四代将軍家綱《いえつな》（一六四一〜八

○）の治世であった。

批判を集めた少年児童への性的虐待

武家ばかりではない。僧侶の間で行われる男色にも少年児童虐待の疑いがかけられた。

元和九年（一六二三）の『醒睡笑《せいすいしょう》』には、若い僧に犯された十一、二歳の少年が肛門に火がついたような苦痛を覚え、「かかよ、かかよ、火が付いたは」と叫びながら母親を呼ばわる話がある。事情を知った母親が大笑いし、しかも話の落ちには「人はただ　十二三より十五六　さかり過ぐれば　花に山風」と初物を奪われたことが、残酷な青春の幕開けであるような歌まで付されている。

寛永《かんえい》年間（一六二四〜四四）成立の『田夫物語《でんぷ》』にも、若衆好きを「われらが華奢《きやしや》におもしろき道」と高言する風流者に、女色派《じよしよく》の田夫が反論するくだりがある。

（犯される若衆が）眉を顰《ひそ》め、口を歪めて痛い目を堪える有様は哀れであろう。その後もいいことはない。痔を煩い、いじかり股（＝がに股）になり、竹杖を突き、よろめきながら歩く。親たちが心配して尋ねても言うに言えない病気で、

（悲憤に）赤面する有様は見ていて苦しいものがある。

若衆との交わりが、性的虐待であることが書かれている。人々は男色の対象とされる少年の苦痛に目を向けはじめていた。水戸（徳川）光圀《みつくに》（一六二八〜一七〇〇）もこう述べている（『玄桐筆記《げんとうひつき》』）。

女色は双方歓《よろこ》び、男色は自分が歓《よ》くとも相手は苦痛する。

男女の性行為と違い、性愛を受ける少年は苦痛を感じているのだという、もはやこうした認識が一般的になっていたのだろう。さらには寺院内部からも批判的な意見が現れる。臨済宗の僧侶・一絲《いっし》文守《ぶんしゅ》（一六〇八〜四六）による慷慨《こうがい》である（『一絲和尚語録』）。

近頃、端正の少年を犯すをもって風流と称し、これにまだ誰一人として慚愧《ざんき》を生ずる者がない。末法の習弊《しゅうへい》とは、なんとここまで甚《はなは》だしいのか。

少年を犯して何が風流だと憂えているのだ。これと同様に、正徳《しょうとく》元年（一七一一）の浮世草子にも僧侶の男色に対する非難が見える（『傾城禁短気』）。

衆道門《しゅどうもん》という窮屈なる宗門をおこし、男と男の契《ちぎり》をむすび、児少人にくるしめをかけ、これを男色・若道・宗門となづけ——。

衆道は子供に苦しめをかける行いだと指弾している。

多少前後するが、儒学者からも批判の声が上がっている。寛永十八年（一六四一）の『翁問答《おきなもんどう》』（巻之四）で中江藤樹《なかえとうじゅ》（一六〇八～四八）は、僧侶の男色を徹底的に批判する。

末流の比丘《びく》（僧。比丘尼《に》に対す）、淫欲こらへ難きによつて、男女和合の隣なればにや、大便道を掘り出して、（中略）幼なき人を女の形に似せて、児《ちご》・喝食《かつしき》などといひて和尚・上人の妻となせり。まことに浅ましとも、なかなか言語道断なり。元来、不淫戒《ふいんかい》の法、天理に背きたるによつて、末流かくの如く、畜生にも劣りたる作法となるなり。

不淫戒を持つはずの僧侶が、少年の大便道（肛門）を使って性欲を発散させるなど浅ましくて言語道断である、動物にも劣った行いである、と非難しているのである。中江藤樹は弟子たちに同様の思想を説いたという。中近世の日本は男色天国だった、同性愛に寛容だったとよく言われるが、多方面からの強い反発があったのである。

なお、こうしたことを指摘するのは、現代人に同性愛を否定させるためではない。日本の歴史上、少年児童を愛玩する男色が、どのようにして非難を集め、何を否定されてきたかを見るためである。深刻な差別や弾圧は、マイノリティとマジョリティの妥協点が崩れた時に発生する。中近世の男色とは、同性愛であるより前に小児性愛であった。

近世になると、無体なるものとして、男色の素行が問われはじめたのである。

幕府の大名を査定する材料

元禄《げんろく》三年（一六九〇）に書かれた「大名評判記」あるいは「大名査定記」として知られる『土芥寇讎記《どかいこうしゅうき》』では、諸藩の素行が調査されており、とりわけ色欲に耽る大名は藩財政を圧迫する「愚悪の闇将《あんしょう》」等と烙印を押されている。

特に年老いた大名の男色は「勝手不如意《ふによい》」だと非難されている。「惣じて男色に耽りて家を滅す事、古今例多し」「往昔、男色に耽り、国家を失たる例なきにしもあらず」とあるように、男色は国を傾ける悪習だと断罪された。

同書にはこんな例も記録されている。播磨国《はりまのくに》小野藩主の一柳末禮《ひとつやなぎすえひろ》（一六四九～一七一二）は「近年は男色を好み、河原者、野郎《やろう》若衆（男娼）、千弥という者、数百両にて請け出し、知行を与え、侍にして使う」と、河原者・野郎陰間《かげま》を男色によって身受けし、侍として使っていたことが暴露されているのである。

先に見てきた戦国の男色に関する物語の多くが、こうした現実を目の当たりにした江戸時代人の手によって書かれたことを知っておくべきであろう。

純愛と忠義の知恵「政愛分離」

批判的視線に男色者も鈍感だったわけではない。

氏家幹人氏の『江戸の性談』（講談社文庫）によると、元禄十六年（一七〇三）、仙台藩四代藩主の伊達綱村《つなむら》（一六五九～一七一九）は、初代藩主政宗《まさむね》の時代には男色の関係で出世する者は滅多になく、実力主義が通された。しかし政宗の死後、これが崩れたと述べている。

そして十六年後の享保四年（一七一九）、死期の近い綱村は、小姓頭の秋保中務《あきほなかつかさ》が「御前様」同様の寵臣であったことを告白するとともに、当の中務に「自分の死後、要職につくことを望むな」と堅く言い聞かせた上で、「無役の楽人として余生を送るがよい」と優しく声をかけている。この綱村の態度を、氏家氏は「政愛分離」と言っている。

権臣《けんしん》というものは、後ろ盾を失うとたちまちにして失脚する。それだけならまだしも、内紛や粛清《しゆくせい》の嵐に巻き込まれて非業の死を遂げる者も少なくない。これを避けるには権力など持たない方がいい。こうした考えは主君を敬慕する寵臣の側からも望まれるようになる。山本常朝《じようちよう》の『葉隠《はがくれ》』（十八世紀中期成立）における「忍ぶ恋」の思想である。

常朝は「恋の至極は、忍ぶ恋と見立て候」「主従の間など、この心にて澄むなり」と説く。純愛と忠義の極致であろうか。

こうして政愛分離の思想が生まれたことは注目に値しよう。その後、武家の男色が史料から姿を消していく。女性同士の性愛が日本の歴史上、ほとんど史料で見えないように、ごく私的な関係と化し、社会の表層から潜伏されていったのではないだろうか。

十八世紀に消えていく武家男色

氏家氏によると、江戸後期の儒者である山田三川《さんせん》（一八〇四〜六二）は、山田九十郎という男から次の話を聞いたという（『想古録』）。

> 上杉家にては、給仕の童子《わらし》と唱へ、五六名の美少年を選みて候と枕席《ちんせき》を共にせしめるを代々の例とせしに、鷹山《ようざん》公の時より断然これを廃し、且《か》つ断袖《だんしゅう》の弊風《へいふう》を厳禁せられたり。

かつて上杉家は上杉景勝・定勝《さだかつ》の代に繰り返し男色禁止令を出していたが、享保八年（一七二三）に六代藩主の上杉宗憲《むねのり》（一七一四〜三四）が改めて禁止令を出し、それから半世紀ほど、そうしたお触れはなされなくなっていた。これを九代藩主の上杉鷹山（治憲・一七五一〜一八二二）は安永《あんえい》四年（一七七五）に繰り返し禁止させている。代替わりを重ねるうち、家風も変わり、男色趣味が流行を見せたのだろう。だがそれも鷹山の手によって廃絶させられた。

男色を武家から追放せんとする試みは、上杉家だけで行われたものではなかった。

『中村雑記』にも津《つ》藩の藤堂高虎《とうどうたかとら》（一五五六〜一六三〇）が巧みに家中の男色を衰退させる逸話が掲載されている。特に岡山藩では男色への厳罰主義を通したという。

　このようにして諸藩で武家男色の根は絶たれていったらしい。江戸町文化の考証家である斎藤月岑《げっしん》（一八〇四〜七八）は、慶安《けいあん》元年（一六四八）に男色を無体に申しかけ、若衆狂いすることが江戸の町で禁じられ、寛文《かんぶん》年間（一六六一〜七三）にまた流行したが、やがてそれもなくなったと『武江《ぶこう》年表』に記している。江戸風俗の研究者である三田村鳶魚《みたむらえんぎょ》（一八七〇〜一九五二）氏によれば、武門武士の男色は正徳・享保年間（一七一一〜三六）に廃《すた》れ、庶民レベルでも天保年間（一八三〇〜四四）になってほぼ絶滅したとされている。

　風俗研究家の岩田準一氏（一九〇〇〜四五）も、江戸の陰間《かげま》が、明和《めいわ》・安永年間（一七六四〜八一）の極盛期を頂点に、天保十三年（一八四二）の改革で、上野東叡山《とうえいざん》の僧侶に愛好された湯島《ゆしま》一廓を残して消え去ったことを指摘されている。

　このように江戸時代には、十七世紀中期まで禁止令が繰り返し発布され、直後にはかえって隆盛を見たが、同世紀末から十八世紀中期までに姿を消していった。

　近世の武家男色（武士による少年児童への性愛）は、行き過ぎた放埒《ほうらつ》の末、無体で見苦しい行いと批判され、公然の場から根絶されたのである。

【文庫版加筆】新撰組・近藤勇の「局中しきりに男色流行」

最後に、十九世紀後半の幕末における男色の例を見てもらおう。

武家主従の男色は消失してしまったが、新撰組局長・近藤勇《いさみ》（一八三四〜六八）が中島次郎兵衛宗良《むねよし》（一八四一〜六五）に宛てた書状（個人蔵）を見ると、別のところで商業的な男色が生き続けていた様子を認められる。

元治《げんじ》元年（一八六四）五月二十日の書状から、重要部分だけ抜き出すので、傍点部に注目してもらいたい。

一、扨《さて》先年府中宿おいて御同様始楼登り、妄《みだりに》戯仕事時々思ひ出申候。就而《ついては》者当節婦人戯候事聊無之、局中頻《しきり》ニ男色流行仕《つかまつり》候。

ここで近藤勇は、送り先の中島宗良に「かつて府中の妓楼《ぎろう》に通って遊楽に耽っていたことを時々思い出すが、近頃、女遊びをする暇もない。いま局中では男色がとても流行っている」と述べている。

司馬遼太郎は「前髪の惣三郎」という短編で、局中の隊士たちが入隊したばかりの美少年に惑わされる騒動を描いている。大島渚監督はこれを原作に『御法度』という映画を撮り、新撰組と男色の関係は強い印象をもって広く知られるところとなった。おそらく「新撰組の隊士同士で男色が流行していた」ものとして、この書状も参考にしたであろう。

本作に登場する美少年にはモデルがある。「今牛若《いまうしわか》」ともいわれた美少年「加納《かのう》惣《そう》三郎《ざぶろう》」（実否不明）である。

その見た目は「美《うる》はしい姿」で、「錦絵《にしきえ》から抜出《ぬけで》たやうであった」と伝わっている。だが、若くして「島原通ひ」すなわち女遊びの味を覚え、遊ぶ金欲しさに辻斬りを始めてしまった。

このため、近藤勇が粛正を決断して、斬り殺したのだという（吉田喜太郎『維新史蹟図説―京都の巻』東山書房）。この逸話に男色の気配は一切ない。

そして近藤勇書状を読み返すと、前文に「楼登り（妓楼通い）」の説明があることと、「男色」は少年愛を示すことから、これは隊士が相互に交わっているのではなく、彼らが男色専門の裏風俗（当時は少年売春の営業が禁止されていた）に通い詰め、買春を楽しんでいるという意味に読むのが適切である。

当時の幕府は、男色専門店を御法度として禁止していたが、それでも治安が乱れると、営業が再開されたようである。

なお、書状の日付は池田屋事件の十五日前のものとなっていて、これを受け取った中島宗良も同年夏に亡くなっている。

前髪の惣三郎話は、元来、男色と関係のないはずの美少年の乱行伝説に、これまた隊士同士での関係ではない別史料の曲解が合わさり、あとから男色像を付属させられたわけである。この構図は、戦国の男色に関する俗説の成り立ちとほぼ同じである。

ちなみに新撰組の構成員は、その多くが百姓身分の出身であったが、もと農民の局長・近藤勇が、男色に否定的な感情を全く表していないところは興味深い。

おわりに　独自の性指向

今日では男色《なんしょく》と同性愛は同義の語のようにされるが、男色の異称が若気《にやけ》・若道《じゃくどう》・若衆道《しゅどう》・主童《しゅどう》であり、女性を抱く（異性愛）でも男性を抱く（同性愛）でもなく、「少年を抱く」という独自の性指向だったことを理解しなければならない。成人男性は基本的には対象とされなかったのである。

それと、もうひとつ――。

婦女が柳腰《やなぎごし》の持主であろうとするのは、男子の間に同性愛が行われた名残り――。
（三田村鳶魚《みたむらえんぎょ》『柳腰の持主』）

江戸風俗を研究した三田村鳶魚氏によれば、男色が廃《すた》れはじめると、柳腰の女性――華奢《きやしや》な身体つきの娘が尊ばれるようになったという。「華奢」を意味する言葉はもともと風雅の少年を指すことはあっても、女性の見目を示すものとして使われることはなかった。かつては安産型が好まれ、ふっくらした肉付きのよさが尊ばれたが、男色が下火になるとそうでもなくなってきたようだ。

してみると男色の系譜は、同性愛ばかりでなく、いまの少女愛にも継承されたところがあるのではなかろうか。我々は男色が、少年児童（それも十代前半を珍重する）への性愛であったことをよく考えるべきであろう。

最後に、本書を仕上げるにあたって、お世話になった方々に深くお礼申し上げます。ありがとうございました。

平成二十五年　秋

乃至政彦

＊　＊　＊

末筆ながら、本書を手に取ってくれている読者の皆様方、復刊をご提案下さった編集の永田士郎様、解説を快く受けて下さった井上泰至先生、カバーイラストを描きおろしてくれた大竹直子先生に心より御礼申し上げます。

令和六年　早春

乃至政彦

【主な参考文献】

［主要な論文］

伊藤東慎「三益永因の艶詩―若狭武田系武将と五山禅僧」（禅文化研究所季刊『禅文化』五九号）

江本裕「『狗張子』注釈（一～五）」（『大妻女子大学紀要、文系』三一・三二・三三・三七・三八）

鎌田道隆「慶長・元和期における政治と民衆―「かぶき」の世相を素材として」（奈良大学史学会『奈良史学』二）

河内将芳「祇園会を見物するということ―室町期における」（立命館大学人文学会『立命館文學』六二二）

河添房江「室町期の唐物と権力者たち」（東京学芸大学『東京学芸大学紀要・人文社会科学系』一―六四）

小島政孝「史料紹介　中島次郎兵衛宛「近藤勇の書翰」元治元年五月廿日京都より」（多摩中央信用金庫『多摩のあゆみ』二二）

小山聡子「寺院社会における僧侶と稚児―『往生要集』理解を中心として」（二松學舍大学『二松學舍大學論集』五〇）

柴辻俊六「戦国期信濃海津城代春日虎綱の考察」（信濃史学会『信濃』（第三次）五九）

辻晶子「児灌頂の基礎的考察―儀軌の紹介と整理」（奈良女子大学大学院人間文化研究科『人間文化研究科年報』二七）

辻晶子「児灌頂の基礎的考察―諸本の紹介と整理」（奈良女子大学大学院人間文化研究科『人間文化研究科年報』二六）

辻晶子「今東光『稚児』と『弘児聖教秘伝私』」（奈良女子大学日本アジア言語文化学会『叙説』三八）
橋立亜矢子「稚児の性」（東京女子大学『東京女子大学紀要論集』六〇）
三島暁子「将軍が笙を学ぶということ―南北朝・室町時代の足利将軍家と笙の権威化」（東京大学史料編纂所『東京大学史料編纂所研究紀要』二〇）
百瀬今朝雄「二条良基書状―世阿弥の少年期を語る」（立正大学史学会『立正史学』六四）
百瀬今朝雄「二条良基と世阿弥―書状を中心として」（能楽研究所紀要『能楽研究』二三）
湯川敏治「男色雑稿―戦国期の公家日記を中心に」（日本古文書学会『古文書研究』七四）
芳澤勝弘「横川景三の『小補艶詞』と月関周透―室町禅林における男色文化の一側面」（花園大学国際禅学研究所『花園大学国際禅学研究所論叢』一）
頼鈺菁「『葉隠』における武士の衆道と忠義―「命を捨てる」ことを中心に」（名古屋大学大学院国際言語文化研究科日本言語文化専攻『言葉と文化』九）

［主要な書籍］
熱田公『日本を創った人びと・大内義隆』平凡社
岩田準一『本朝男色学／男色文献書志』原書房
氏家幹人『江戸の性談―男たちの秘密』講談社文庫
氏家幹人『武士道とエロス』講談社現代新書
海野弘『ホモセクシャルの世界史』文藝春秋
小川剛生『足利義満―公武に君臨した室町将軍』中公新書
古典遺産の会『戦国軍記事典・群雄割拠篇』和泉書院

古典遺産の会『戦国軍記事典・天下統一篇』和泉書院
佐伯順子『「女装と男装」の文化史』講談社選書メチエ
笹本正治『軍師山本勘助―語られた英雄像』新人物往来社
笹本正治『武田信玄―芳声天下に伝わり仁道寰中に鳴る』ミネルヴァ書房
佐藤憲一『伊達政宗の手紙』洋泉社MC新書
白倉敬彦『江戸の男色―上方・江戸の「売色風俗」の盛衰』洋泉社新書y
鈴木尚『骨が語る日本史』学生社
須永朝彦『美少年日本史』国書刊行会
内藤佐登子『紹巴富士見道記の世界』続群書類従完成会
長富雅二編『ザベリヨと山口』山口フランシスコ會
平塚良宣『日本における男色の研究』人間の科学社
細川涼一『逸脱の日本中世』ちくま学芸文庫
松尾剛次『破戒と男色の仏教史』平凡社新書
南方熊楠／中沢新一編『南方熊楠コレクション〈第三巻〉浄のセクソロジー』河出文庫
森鷗外『ヰタ・セクスアリス』新潮文庫
森田恭二『戦国期歴代細川氏の研究』「日本史研究叢刊」和泉書院
山本博文『殉死の構造』講談社学術文庫

[主要な史料]（海外史料の引用は参考史料の翻訳に準じた）

イエズス会／村上直次郎訳・柳谷武夫編『イエズス会士日本通信（上）』雄松堂書店

ヴァリニャーノ／髙橋裕史訳『東インド巡察記』平凡社東洋文庫
ヴァリニャーノ／松田毅一訳『日本巡察記』平凡社東洋文庫
小瀬甫庵／佐竹昭広他編集『新日本古典文学大系60　太閤記』岩波書店
貝原益軒『益軒全集』国書刊行会
源信／石田瑞磨訳『往生要集』岩波文庫
近藤瓶城・近藤圭造編『改定史籍集覧』臨川書店
三条公忠／東京大学史料編纂所編『後愚昧記』岩波書店
ジアン・クラッセ『日本西教史』太陽堂書店
人物往来社『戦国史料叢書』全二十巻　人物往来社
宋希璟／村井章介校注『老松堂日本行録』岩波文庫
津田宗及／松山米太郎評註『津田宗及茶湯日記―評註他会篇・下』津田宗及茶湯日記刊行後援会
徳田和夫編『お伽草子事典』東京堂出版
中江藤樹／武笠三校訂『中江藤樹文集』有朋堂文庫
中田祝夫訳注『日本霊異記・全訳注』講談社学術文庫
プラトン／鈴木照雄訳「饗宴」『プラトン全集（五）』岩波書店
フランシスコ・ザビエル／河野純徳訳『聖フランシスコ・ザビエル全書簡』平凡社
プルターク／河野与一訳『プルターク英雄伝（四）』岩波文庫
ルイス・フロイス／柳谷武夫訳『日本史（一）』平凡社東洋文庫
ルイス・フロイス／松田毅一・川崎桃太訳『完訳フロイス日本史』中央公論新社
山上宗二／熊倉功夫校注『山上宗二記』岩波文庫

【WEB】

『東京大学史料編纂所・データベース』各種史料、『国立国会図書館サーチ・近代デジタルライブラリー』各種文献、『家紋の真実』(日本家紋研究会会長・高澤等)、『歴史の情報蔵』(三重県環境生活部文化振興課県史編さん班) 等を参考に致しました。

解説

井上泰至

「男色」の文化史——この蠱惑的なテーマは、しかし学問的なアプローチを取ろうとすると、二重の困難が伴う。

一つは、価値観の問題である。過去の文化を研究する際、かならず付きまとう今日的視点からの「誤解」が、このテーマにはより複雑な問題をもたらす、と言い換えてもよい。同性愛についての、近代的な規範からのタブー視と、その反転として必然的に生じる興味本位の視線は、どちらも過去の文化を「ありのまま」に見ようとする態度への障害となりやすい。男性同士の心的・身体的情愛と結合自体が、近年でこそタブーの色を薄めてきたとはいえ、センセーショナルに取り上げられがちである。個々の事例を拾いながら、その背景に横たわる「性差」や「情愛」への価値観そのものに迫ることは、必然的に今日の、あるいは近代的な性意識を問い直すことと直結する。解明すべきは、「過去」だけでなく、「現在」の意識にも及ぶのだ。

今一つは、史料的制約の問題である。事が当事者同士の「密事」にかかわる問題であることが多いだけ、客観的な資料は残りにくい。勢いこの話題を記した文献は、「物語」としてこれを伝えるものが多く、歴史学でいう二次資料に多くを拠らざるを得ない。虚構や誇張、あるいは事実の意図的欠落が生じやすい文学的テキストを主たる取材源とする場合、テキストの解釈の裁量部分が、一次史料と違って飛躍的に大きくなる。歴史学の方法としてこれほど困難な道はないであろう。本書の「はじめに」の副題が、「虚実を見極めるために」となっているのも、こうした理由による。「できるだけ多くの事例を取り上げ、信憑性はもちろんのこと、作り話の場合にはどうしてそのような話が生まれたのか、ひとつずつ実相を追究していく」(13頁)と本書の姿勢を明確にしている。

ここでは、このような困難をいかに克服しながら、中世後期の「男色」文化について、はじめて本格的に学問的なメスを入れたかについて、焦点を合わせて見ていくことにする。

まず、対象とする「男色」の定義の問題である。本書は「はじめに」で、従来の研究の空白だった戦国期に照準を定めている。そして、「男色」が支配階層である武家の広い意味での政治に影響を及ぼしたという通説を検証すると断っている。さらに「プロローグ」の冒頭で、本書にいう「男色」は、今日通用する「同性愛」とは異なり、成人男性が少年を愛するケースに限定するとしている。

この問題設定は、極めて重要で、ここが戦国武将における「男色」についての通説のポイントであるからである。まず、対象を成人と少年の恋愛に限定することで、今日一般に言う「同性愛」と異なる、中世後期の現象として問題を捉える視点が設定される。あくまで当時の社会的文脈に沿ってこの問題を取り上げると立場を明確にしている。さらに、成人と少年という「権力」的に非対称な両者の愛の問題に限定することで、この風習というか嗜好が、時の政治に大きな影響を及ぼしたとは言えないという本書の一番言いたいことが焦点化されるのである。

それは同時に、研究の空白であった戦国期の「男色」とは、通説と異なり、どういうものであったのか、それはいつから始まり、どのような変遷を経て、純化・完成し、次の時代に影響を及ぼしていったのかという、史的な展開が容易となることにもつながるのである。

ここに、平安後期に確認できるような貴族の成人男子同士の関係や、寺院における主と稚児の関係との区別が自動的になされることになった。氏が本書で扱うところの、少年愛が政治問題に絡んだ確実な最初の例は、三島由紀夫の小説「中世」に名高い九代将軍足利義尚ということになる。それまでの例は、『嘉吉記』『織田軍記』のような軍記による伝えに過ぎず、状況証拠から慎重に排除されている。また、同性愛の事実が匂っている例があっても、小姓への寵愛ではなく、貴族社会や寺院での風習が、武家政権ながら「京都化」を本質とした室町将軍家に伝染したに過ぎないと言って選り分けられる。

軍記類では足利将軍家の政治の乱れを、中世後期以来の小姓への寵愛を投影することで理解し、将軍の不道徳や依怙贔屓が政治の乱れにつながったというイメージが形成されていった。

それが氏の慎重な事象の選り分けによって、応仁の乱後あたりを上限とする現象として画期されたことは、大切な指摘である。それは義尚の文化事業と合わせ鏡の問題を孕んでいるからである。近年の中世文学研究が明らかにしたのは、義尚が歌に早くから熱心で、その『文明打聞』は、天皇の下命を必要としない新しい秩序による、公武一体の和歌集の編纂を構想していたという点にある（前田雅之「足利将軍家における政事と文事」『画期としての室町』）。

「男色」という貴族と寺院から発した文化が、ついに武家の棟梁を芯からからめとったのが、地蔵院本肖像にも美麗な顔立ちが伝えられる義尚の代において、であったという本書の指摘は、ひとり「男色」という性的嗜好の問題に留まらない意義を持つのである。本書の究明によれば、日記類を調べれば、武家社会の「男色」が現象として地方にも波及していったことが指摘される。

問題はここから「男色」関係が陶隆房への寵愛による大内家の滅亡へと発展し、「京都」化した武家の棟梁への批判という次の段階が語られるに至る。これら、乃至氏によって選り分けられた「史実」が、後に戦国期に大量に生産される武家男色「説話」のひな型になっていったことが本書の分析の白眉である。

美少年への愛は、実力を伴わない引き立て、家中の対立、秘匿情報の流出、主君の暗殺といった家を危機に陥れる「物語」の原型となって、大量に流布する。しかし、それらの二次資料は、多く十七世紀から十八世紀に捏造、あるいは脚色されたそれであった。

ここに有名な、石田三成と大谷吉継の「男色」関係を取り上げてみよう。251頁にも言及のある『慶長軍記』の編者植木悦は、藤堂支藩の久居藩の軍学者で、「一生不犯」の人と特記される人物である。同書には不利を承知で大谷が三成に加担した理由は、二人の男色の関係によるものだと説明する。本書にも取り上げられる藤堂高虎と黒田長政の男色関係にも触れ、藤堂の家紋を黒田に譲った話も伝えている（井上泰至・湯浅佳子『関ヶ原合戦を読む―慶長軍記翻刻・解説』）。

こうした事件の原因の背後を、「実は」と語りながら、史実を捏造・脚色していく話法は、歴史を標榜しつつ実態は、小説に限りなく近似していた江戸時代の軍記に通有のものだった（井上泰至『近世刊行軍書論―教訓・娯楽・考証』）。史実と虚構の選り分けが、四章以降、広範かつ詳細に分析され、メスが入れられたことが本書の価値の重要な点である。「男色」ネタは、史実という「点」の謎を解き明かす「線」の役割を果たすに非常に便利な素材であったことが、全体から浮かびあがってくるのである。「秘密」というものは、物語・小説の重要な養分である。武家の物語は、男と男の物語であり、歴史物語を書く上で、「男色」ほど事実関係を裏話的に解説するのに有用な素材はない。たとえば、大島渚の遺作となった映画『御法度』（一九九九）は、男色にまつわる「秘密」の物語である。男しかいない新選組という特殊な空間の中、加納惣三郎という美少年をめぐる隊士たちの葛藤を軸に物語は動いていくが、惣三郎自身の心やそれにからむ隊士たちの関係性は、「秘密」めいている。劇中男色を直接描くこともないではないが、惣三郎に誰が恋しているか、誰が通じていたか、惣三郎自身は誰に恋していたのかは、たいてい曰くありげにほのめかされるだけである。

しかし、惣三郎をめぐるこの秘密めいた葛藤は、ついに隊士間の抜き差しならない嫉妬を生み、「御法度」と認識されるに至る。惣三郎に懸想したことが明らかな田代という隊士が、嫉妬に絡んだ隊士の殺人や殺人未遂の嫌疑を受け、近藤勇と土方歳三は、惣三郎自身に田代の始末を命じる。

その様子を見届けるべく、夜、土方と沖田総司は河原でその時を待つ。そこで沖田がふいに語るのが、『雨月物語』の一編「菊花の約」の話だった。物語上は強い友情の絆で結ばれた二人の男の関係性に、沖田は男色の匂いをかぎ取ったという。それを聞いた土方は、そんな事を考えるのは、沖田が惣三郎に懸想しているからではないかと切り返す。沖田は言下にそれを否定するうち、惣三郎と田代が現れた。

田代は殺人やその未遂を否定し、どちらも惣三郎の犯行だと言う。斬り合いでは劣勢となる惣三郎がごく小さな声で何事（「諸共に」と聞こえる）か呟くと、急に田代の体から力が抜け、その隙をついて惣三郎は田代を斬る。土方と沖田はこれを見届け帰路につくが、途中で用を思い出したと沖田は戻っていく。沖田が惣三郎に懸想していたのではなく、惣三郎が沖田に懸想していたのだと気付く土方の耳には、沖田に斬られた惣三郎の断末魔の叫びが響くのであった。

映画『御法度』や「菊花の約」から、男色とは、秘されるもの故に蠱惑的な光を物語に放つことを、改めて気付かせてくれる。映画の中で沖田総司が言うように、「菊花の約」は私的な菊祭りの日の約束を、命がけで守るべく、自害して幽霊となって果たす信義の物語でありながら、読みようによっては男色の物語としても読めるようなヒントが用意されている作品である。ただし、決定的な証拠は何一つない。だからこそ、男色文学研究の雄でもあった松田修が男色説を唱えて以来、幾多の論文が積み重ねられてきても、この問題は解決を見ていない。むしろ、我々はそろそろ男色の存否を問うより、「菊花の約」がなぜそのような書き方をしたのかという問題の方に目を移すべきだと、大島の遺作は教えてくれるのである。

「男色」は秘されるもの故に、「物語」の恰好の題材となるのだ。

性的嗜好の問題に留まらず、性的接触が「仕事」の現場に持ち込まれることで、公私混同が起こり、組織の環境の悪化をもたらすのは、何も「男色」に限ったことではない。しかし、中世初期には貴族・寺院の文化であった「男色」が、中世後期に武家の中枢に持ち込まれると、武家社会の「失敗の本質」の重要なトピックとして「男色」問題が浮上することになった。

そして、この「男色」への批判的視線を前提とした説話生成の環境は、江戸時代に確認できる、「男色」の強要への問題視や、公私混同のトラブルの事例から生まれてきたことが、本書のエピローグで「仮説」として提示されている。

本書から我々は、戦国期の「男色」の歴史的意味を学ぶと同時に、それが幾多の「物語」を生んだ背景をも同時に知ることになるのである。

（日本文学研究者）

本書は、二〇一三年一二月二一日に洋泉社より刊行された『戦国武将と男色―知られざる「武家衆道」の盛衰史』を加筆修正し、文庫化したものです。

ちくま文庫

戦国武将《せんごくぶしょう》と男色《なんしょく》 増補版《ぞうほばん》

二〇二四年四月十日 第一刷発行

著者 乃至政彦（ないし・まさひこ）
発行者 喜入冬子
発行所 株式会社 筑摩書房
東京都台東区蔵前二―五―三 〒一一一―八七五五
電話番号 〇三―五六八七―二六〇一（代表）
装幀者 安野光雅
印刷所 三松堂印刷株式会社
製本所 三松堂印刷株式会社

ISBN978-4-480-43942-0 C0121